EXPEDIÇÃO Brasil gastronômico

SP ▪ DF ▪ BA ▪ MT ▪ RS

A CADEIA PRODUTIVA GASTRONÔMICA

Rusty Marcellini e Rodrigo Ferraz

EDITORA MELHORAMENTOS

Expedição Brasil Gastronômico II: A Cadeia Produtiva Gastronômica.
  Textos e fotos: Rusty Marcellini; Idealização: Rodrigo Ferraz.
  São Paulo: Editora Melhoramentos, 2014. (Arte Culinária Especial)

  Edição colaborativa: Editora Boccato
    ISBN 978-85-06-07599-9

1. Gastronomia. 2. Culinária brasileira. I. Marcellini, Rusty. II. Ferraz, Rodrigo.
  III. Série.

14/054   CDD 641.5

Índices para catálogo sistemático:
1. Gastronomia   641.5
2. Culinária – Receitas   641.5
3. Terroir – Culinária brasileira   641.59
4. Ingredientes – Culinária brasileira   641.59
5. Aptidões agrícolas – Gastronomia

IDEALIZADOR: Rodrigo Ferraz
TEXTOS E FOTOGRAFIAS: Rusty Marcellini
PESQUISA: Rusty Marcellini e Adriana Benevenuto
EDITOR: André Boccato
REVISÃO DE TEXTO: Ponto A – Comunicação, Conteúdo e Desenvolvimento Humano
PROJETO GRÁFICO E DIREÇÃO DE ARTE: Dushka Tanaka, Carlo Walhof (estudio vintenove)

Equipe Expedição Brasil Gastronômico:
COORDENADOR: Rusty Marcellini
PRODUTORA: Adriana Benevenuto
DIRETOR (VÍDEOS): Rusty Marcellini
ROTEIRO (VÍDEOS): Rusty Marcellini
IMAGENS (VÍDEOS): Tatá Lobo, Tomás Amaral, Felipe Correa
EDIÇÃO E FINALIZAÇÃO (VÍDEOS): Tatá Lobo
FOTÓGRAFOS: Rusty Marcellini e Adriana Benevenuto
MOTORISTAS: Franklin Lara Magalhães e Alexandre Caverna

FOTO DE CAPA: Caranguejos aratus pescados em Mangue Seco, na Bahia.
O crustáceo possui carne suave e adocicada e, infelizmente, corre o risco de entrar em extinção.

Copyright © 2014 Rusty Marcellini e Rodrigo Ferraz
Copyright © 2014 Editora Melhoramentos e Editora Boccato

1.ª edição, julho de 2014
ISBN 978-85-06-07599-9

Atendimento ao consumidor: Caixa Postal 11541 • CEP 05049-970 • São Paulo • SP • Brasil
Tel.: (11) 3874-0880 • www.editoramelhoramentos.com.br • sac@melhoramentos.com.br

EDITORA BOCCATO

© Editora Boccato (Gourmet Brasil) / CookLovers • Rua Italianos, 845 • Bom Retiro • CEP: 01131-000 • São Paulo • SP
tel.: (11) 3846-5141 • www.boccato.com.br / www.cooklovers.com.br / contato@boccato.com.br
EDIÇÃO: André Boccato • COORDENAÇÃO EDITORIAL: Rodrigo Costa • COORDENAÇÃO ADMINISTRATIVA: Maria Aparecida C.
Ramos / Patrícia Rodrigues • COORDENAÇÃO DE PRODUÇÃO: Arturo Kleque Gomes Neto

Impresso na China

Ilha de Itaparica, BA

SUMÁRIO

Apresentação 12
A Cadeia Produtiva 14
A Equipe da Expedição 16
Saiba Mais 20

O Estado de São Paulo 26
Banquetes Paulistas 28

Biomas e Terroirs 34
Sítio do Bello 36

Produtos e Produtores 40
Queijos Roni 42
Arroz Ruzene 46
Doce de Leite Branco 50
Cantinho da Pamonha 52
Requeijão de Prato 56

Tradições Regionais 62
Pastel de Milho 64
Farofa de içá 68

Feiras e Mercados 72
Feira dos Produtores de São José do Rio Pardo 74
Mercado de Paraibuna 78
Ceagesp 80
Mercado Municipal 84
Mercado Kinjo Yamato 88
Mercado da Lapa 90

Cozinheiros e Receitas 92
Dona Licéia – Feijão Tropeiro 96
Alberto Landgraf – Cavalinha Curada 100
Jefferson Rueda – Ravioli Surpresa 104

Serviço 106

Distrito Federal 108
Babel Gastronômica 110

Biomas e Terroirs 116
Frutas do Cerrado Brasiliense 118

Mel de cacau
Uruçuca, BA

SUMÁRIO

Produtos e Produtores 122
Os Sorvetes da Sorbê 124

Tradições Regionais 126
A Farofa do Dom Francisco 128

Feiras e Mercados 130
Feira do Produtor de Vicente Pires 132
Feira do Guará 136

Cozinheiros e Receitas 140
Mara Alcamim – Pamonha Frita com Queijo de Cabra 144

Serviço 146

O Estado da Bahia 148
Mesas coloridas 150

Biomas e Terroirs 156
O Cacau de Uruçuca 158
A Capital do Bode 166
Vinhos do Vale do Rio São Francisco 170
A Cata do Aratu 176

Produtos e Produtores 182
As Frutas do Beto 184
Farinha de Copioba 190
Dendê do Gil 194

Tradições Regionais 198
Acarajé da Cira 200

Feiras e Mercados 204
Feira de São Joaquim 206

Cozinheiros e Receitas 214
Tereza Paim – Bobó de Camarão 216
Beto Pimentel – Moqueca do Beto 220

Serviço 222

O Estado do Mato Grosso 224
Jacaré, Piranha e Pacu 226

Biomas e Terroirs 232
Pesca de Piranha 234

SUMÁRIO

Produtos e Produtores 240
Carne de Jacaré 242

Tradições Regionais 248
Rodízio Cuiabano 250

Feiras e Mercados 252
Mercado do Porto 254

Cozinheiros e Receitas 258
Ariani Malouf – Moqueca de Pintado com Mandioquinha 260

Serviço 262

O Estado do Rio Grande do Sul 264
Muito além do churrasco 266

Biomas e Terroirs 272
Queijo Artesanal Serrano 274
Lídio Carraro 280
Espumantes da Serra Gaúcha 282

Produtos e Produtores 286
Suco de Uva 288
Casa da Ovelha 290
Tanoaria Mesacaza 292
Cordeiro da Lagoa 296

Tradições Regionais 298
Aula de Chimarrão 300
Churrasco de vala 304
Espeto Corrido 308
Refeições dos Imigrantes 312
O Doce de Gila 326
Os Doces de Pelotas 328

Feiras e Mercados 336
Mercado Público 338

Cozinheiros e Receitas 342
Marcelo Schambeck – Stinco de Cordeiro 344
Carla Tellini – Costela Gaúcha 346

Serviço 348

Dona Licéia no quintal de seu restaurante
Arapeí, SP

APRESENTAÇÃO

A *Expedição Brasil Gastronômico* surgiu em 2012, idealizada por Rodrigo Ferraz, com o objetivo de pesquisar e divulgar a cadeia produtiva gastronômica em todo o território brasileiro.

O caminho da horta à mesa do consumidor é longo e guarda consigo uma peculiar rede de produção, envolvida por influência dos biomas, tradições regionais, personagens e centros de distribuição, que fazem da gastronomia brasileira um exemplo de qualidade e diversidade.

No primeiro volume da *Expedição Brasil Gastronômico*, publicado em 2013, seis estados brasileiros foram mapeados – RJ, MG, PE, RN, CE e AM. Neste segundo volume, outros quatro estados – SP, BA, MT, RS – mais o Distrito Federal foram percorridos por uma equipe de profissionais ao longo de três meses de viagem.

Estrada de terra no interior de São Paulo

A CADEIA PRODUTIVA

Para a equipe da *Expedição Brasil Gastronômico*, a pesquisa da cadeia produtiva consiste em conhecer todos os elos envolvidos na gastronomia, da exploração da matéria-prima à produção, terminando com uma receita preparada por um cozinheiro para o consumidor final. Para facilitar a visão geral dessa cadeia, dividimos o entendimento dos processos dentro dos seguintes tópicos: biomas e terroirs, produtos e produtores, tradições regionais, feiras e mercados, cozinheiros e receitas.

BIOMAS E *TERROIRS*
Refere-se a todo tipo de produção que esteja ligada ao bioma e ao território. O bioma é a unidade biológica ou espaço geográfico caracterizado por aspectos climáticos, de vegetação, solo e altitude. Já *terroir* é um termo francês que significa território e é usado para designar um produto próprio cultivado dentro de uma área limitada.

PRODUTOS E PRODUTORES
Nesse capítulo destacamos a relação de um profissional com o ingrediente, seja durante o cultivo ou o preparo.

TRADIÇÕES REGIONAIS
Consiste em revelar hábitos enraizados por práticas históricas nos locais. Tais tradições são seguidas e partilhadas por várias gerações, validando a transmissão da cultura.

FEIRAS E MERCADOS
Aqui revelamos os locais de venda e de exposição dos ingredientes e produtos. São os centros de distribuição que garantem que os produtos cultivados por pequenos produtores ou processados pela indústria cheguem até o consumidor final.

COZINHEIROS E RECEITAS
Por fim, apresentamos a última etapa da cadeia produtiva, na qual o cozinheiro manuseia determinado ingrediente ou produto para, por meio de uma receita, criar um prato para o consumidor final.

Dunas de Mangue Seco, BA

A EQUIPE DA EXPEDIÇÃO

Muitos afirmam que somente conhecemos as pessoas quando com elas viajamos. Nossa equipe viajou por 60 dias de convívio e, por incrível que pareça, não houve qualquer tipo de conflito ou desentendimento. Talvez a razão para isso tenha sido perceber que a cada dia tínhamos o privilégio de descobrir parte da riqueza gastronômica de nosso país. E isso certamente estava acima de qualquer pecuinha.

A equipe foi composta por mim, Rusty Marcellini (diretor e fotógrafo), Adriana Benevenuto (produtora), Tatá Lobo (cinegrafista), Tomás Amaral (1ª e 2ª etapas da viagem), Felipe Côrrea (3ª etapa), Franklin Lara Magalhães (1ª e 2ª etapas) e Alexandre Caverna (3ª etapa). Todos tiveram papel fundamental para o sucesso do projeto.

Foram centenas de reuniões ao redor de mesas em cidades de quatro regiões do Brasil. Passamos a conhecer a personalidade de cada um e a dividir nossas histórias. Vivemos momentos engraçados que sempre serão lembrados. Para Tomás, qualquer lugar era bom o suficiente para tirar um cochilo. Tatá queria mesmo era provar de tudo e, se desse tempo, tomar mais uma xícara de café. Já Felipe, o "capixaba", só sabia reclamar do frio no Rio Grande do Sul. Franklin era a pessoa mais tranquila da equipe e o único motorista que conheci que não bebia café. Caverna era o amante dos cortes de carne. Adriana, única mulher do grupo, tratava todos como "seus meninos" e comandava com pulso firme o cronograma das gravações. Eu levava na brincadeira as gozações dos demais em relação à minha insistência em sempre trocar as geladas lâmpadas fluorescentes dos hotéis por amarelas comuns. E dessa maneira, cada um com sua mania, mas sempre respeitando o próximo, a expedição seguiu adiante até transformar colegas de trabalho em amigos.

Rusty Marcellini
Coordenador da *Expedição Brasil Gastronômico*

Tatá, Tomás, Rusty, Franklin e Adriana
Etapas 1 e 2

Felipe, Adriana, Rusty, Tatá e Alexandre Caverna
Etapa 3

Cinegrafistas Tatá e Tomás
Arapeí, SP

SAIBA MAIS

Em 2014, a *Expedição Brasil Gastronômico* passa a se chamar *Expedição Fartura Gastronomia*. Mas, assim como aconteceu em 2012 e 2013, as pesquisas de todos os elos da cadeia produtiva gastronômica continuam. Outros estados de diferentes regiões do país serão visitados e, em breve, contemplados com o terceiro livro da série.

Para acompanhar a expedição pela internet ou entrar em contato com a equipe, procure-nos em:

f gastronomiatiradentes

 farturagastronomia

 farturagastronomia

Site: www.farturagastronomia.com.br
E-mail: expedicao@gastronomiatiradentes.com.br

Folhas de uva no Mercado Kinjo Yamato

mato grosso

A EXPEDIÇÃO – ANO 2013

bahia

distrito federal

são paulo

rio grande do sul

Vitral do Mercadão
São Paulo, SP

Banquetes paulistas

A expedição começou em São José do Rio Pardo, a 270 km de São Paulo, onde o *chef* Jefferson Rueda, nascido na cidade, nos esperava. O primeiro compromisso da viagem foi na lanchonete Pão com Linguiça do Capuano, onde ganhamos as primeiras calorias e aprendemos como se faz o embutido. Nunca comemos tanto quanto nos três dias em Rio Pardo. Jefferson nos levou para provar codeguim, bala de coco, coxinha, pamonha, doce de leite branco, torresmo, queijos, rosquinhas, cuscuz...
Em São Paulo, buscamos as amigas Mara Salles e Neide Rigo em suas casas para nos acompanhar em visitas aos mercados paulistanos. Provamos sanduíche de mortadela, pitaia, e bolinhos de bacalhau, respectivamente, no Mercado Municipal, no Mercado Kinjo Yamato e no Mercado da Lapa. No dia seguite, às duas da manhã, seguimos para a CEAGESP com o *chef* Alberto Landgraf para aprender sobre o comércio de pescados.
Da capital paulista fomos para o Vale do Paraíba. No restaurante da dona Licéia, almoçamos um banquete com coelho ao vinho, pato com laranja, feijão tropeiro e doces em compotas. Na zona rural de Paraibuna, em dia chuvoso, após a visita ao Sítio do Bello, atolamos. E foi somente com a ajuda de um trator que conseguimos sair da lama. Em São Luiz do Paraitinga, comemoramos o aniversário da produtora Adriana, cantando o *Parabéns pra Você* com vela fincada num pudim de leite. Já em Silveiras, saboreamos algo que todos da equipe incluíram na lista das melhores iguarias da expedição: uma farofa de içás.

Árvore florida no campo
São Carlos, SP

Vendedor de bacalhau no Mercadão, São Paulo, SP

Mesa de quitutes
São José do Rio Pardo, SP

BIOMAS & SÃO PAULO & TERROIRS

Mudas de árvores frutíferas no Sítio do Bello
Paraibuna, SP

SÍTIO DO BELLO

O Sítio do Bello está localizado na área rural de Paraibuna, no Vale do Paraíba. Douglas Bello, responsável pela empresa, explica que o projeto surgiu em 1999 com o plantio de 6 mil mudas de árvores frutíferas em uma área de 10 ha. "Sempre gostei da natureza e queria fazer algo no sentido de preservação ambiental. Através de pesquisas, percebi que não existiam projetos visando a recuperação de áreas degradadas." Douglas decidiu então apresentar aos brasileiros a riqueza dos ecossistemas nacionais por meio de suas frutas nativas. "Grande parte das pessoas desconhece as frutas brasileiras." Em um viveiro de mudas, Douglas aponta para espécies nativas da Mata Atlântica, do Cerrado e da Amazônia, como: uvaia, cambuci, cambuca, cagaita, cabeludinha, feijoa, grumixama, pitanga, jenipapo, jaracatiá, araçá-boi. "O contato com as frutas de diferentes ecossistemas brasileiros acaba gerando interesse em querer preservá-los."

Douglas destaca o quão importante é unir a conservação ambiental ao uso econômico desses ecossistemas. No Sítio do Bello pode-se comprar mudas de árvores frutíferas ou produtos obtidos das frutas. Muitas árvores ali plantadas têm um período de produção muito curto. A uvaia, por exemplo, só produz em outubro. A solução por ele encontrada foi colher a fruta quando madura, retirar a polpa e congelar ou transformar em geleia. "*Chefs* que trabalham com gastronomia brasileira têm se interessado por esses produtos. E eles perceberam que a riqueza de um cardápio está justamente em trabalhar com a sazonalidade das frutas. Dessa maneira, o cliente pode voltar ao restaurante a cada vez para descobrir a criatividade do *chef* no preparo de uma receita diferente."

Douglas Bello

37

Macadâmias

Doce de leite branco da dona Cila
São José do Rio Pardo, SP

QUEIJOS RONI

Em São Sebastião da Grama está a Laticínios São Miguel, mais conhecida como Queijos Roni por este ser o apelido de um donos, o queijeiro Roque Peta. A empresa se destacou no mercado pela qualidade de sua muçarela, sua ricota e sua manteiga.

O empresário Luiz Fernando Siacon conta que o laticínio surgiu com a vinda de italianos da região da Calabria no final do século 19. "Em 1889, os imigrantes se estabeleceram nessa região e trouxeram com eles a receita da muçarela e da ricota que fazemos até hoje." Luiz conta que a pessoa que começou a história da empresa foi o senhor Pedro Talarico, bisavô de Roque, que se estabeleceu nos arredores de São Lourenço, em Minas Gerais, onde fazia o queijo artesanalmente. "Hoje esta é uma grande região. Num raio de 50 km são produzidos 200 mil litros de leite por dia. A ricota é feita do soro da muçarela. Tem que ser consumida bem fresca. Nossa manteiga é bem suave, quase não leva sal e tem um sabor bem lácteo."

Na loja que funciona ao lado da fábrica, pode-se encontrar outros produtos feitos no laticínio, como provolone e frescal. Luiz Fernando destaca o butirro. "É um queijo que só a gente tem." É um cabacinha ou, como dizem os italianos, um *cacciocavallo*. Quando ele é moldado a mão, recebe em seu interior uma bolota de manteiga. "Os italianos cortam uma fatia e já colocam dentro do pão", explica Luiz.

Queijos Roni
São Sebastião da Grama, SP

ARROZ RUZENE

Francisco Ruzene, mais conhecido como Chicão, é filho e neto de produtores de arroz no Vale do Paraíba. Mas, ao contrário de seus ascendentes, decidiu abdicar da plantação de arroz agulhinha para investir exclusivamente na produção de arrozes especiais como o preto, o cateto, o arbório, o basmati, o vermelho e o jasmine.

No meio de sua plantação, em Pindamonhangaba, Chicão diz que há dois tipos de arroz: japônica e índica. "Tudo que é cateto, gordinho, é japônica. Já os grãos alongados são do tipo índica." O arroz pode ser classificado como polido ou integral. "Se você tira a película que envolve o grão, o arroz se torna polido e fica branco." Ele revela que prefere consumir o arroz integral, pois o polimento acaba retirando nutrientes e aromas do grão.

Em um pequeno laboratório próximo dos campos alagados de arroz, Chicão testa seus grãos para auxiliar *chefs* de cozinha. "A pesquisa de um produto precisa trabalhar ao lado do *chef*. É ele quem irá nos dizer quais são as suas necessidades em relação ao nosso arroz. Por exemplo, se ele quer um arbório mais ou menos cremoso. O que eu quero é a cada dia trazer mais o *chef* para dentro da nossa produção."

Miniarroz polido e integral

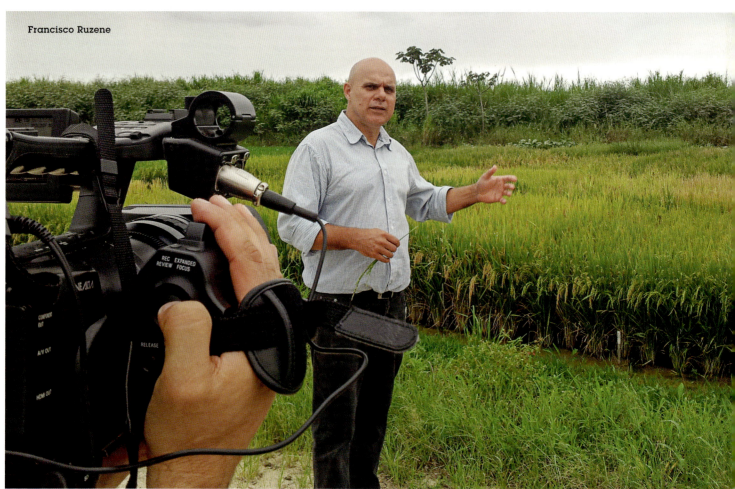

Francisco Ruzene

DOCE DE LEITE BRANCO

O *chef* Jefferson Rueda, do restaurante Attimo, conhece dona Cila desde criança. É ele quem dá o aval de quanto é bom o doce de leite branco por ela produzido em São José do Rio Pardo. "É um doce que você põe na boca e come um, depois outro, e mais outro. Ele derrete na boca de tão bom", enaltece Jefferson.

Dona Cila vive em um sítio com curral, pomar e terreiro com galinhas soltas. Na cozinha, o fogão à lenha está sempre aceso. É nele que a doceira faz o doce de leite.

"Quando eu me casei, a irmã da minha cunhada fazia o doce. Foi com ela que eu aprendi a receita. E hoje, em toda a região, só eu sei fazê-lo", conta Cila. A senhora diz que o segredo é ter fogo alto e constante. "Assim ele é feito mais rápido e fica bem mais branquinho. E sempre faço uma receita por vez. Se fizer mais de uma, o doce dá errado."

A receita é simples: quatro copos americanos de leite do próprio sítio e dois de açúcar refinado. Dona Cila coloca os ingredientes em uma panela de alumínio e leva ao fogo, mexendo sem parar. Minutos depois, ela tira a panela do fogão à lenha e começa a bater o doce com uma colher de pau para esfriá-lo e, com isso, encorpá-lo. Por fim, o doce é colocado em tabuleiro para endurecer antes de ser cortado em cubos. Com o doce de leite pronto, Jefferson apanha um pedaço e o coloca na boca. "Ele é único e não tem como fazer igual", diz, pegando mais um quadrado de doce.

Dona Cila batendo doce de leite
São José do Rio Pardo, SP

CANTINHO DA PAMONHA

Dona Dulce tem o costume de acordar às três da manhã todos os sábados. O horário ingrato se deve à clientela que, tão logo amanheça, irá fazer fila na porta do Cantinho da Pamonha. A loja funciona na antiga garagem da casa de dona Dulce, em um pacato bairro residencial de São José do Rio Pardo. "Antes eu fazia a pamonha em casa e saía de porta em porta vendendo. Agora são os clientes que vêm aqui para comprá-la", diz. "O costume dos moradores daqui é comprar a pamonha bem cedinho. Por isso, para dar tempo de prepará-las, tenho que acordar de madrugada todo sábado."

A pamonheira conta que em muitas cidades do interior de São Paulo é tradição comer pamonha nos fins de semana. O apreço pelo quitute pode ter surgido durante a infância de muitos diante a celebração da colheita do milho com uma grande festa. "Muitas famílias ainda se reúnem uma vez por ano para fazer receitas com o milho colhido. Os parentes chegam da capital para comer bolo, curau, pamonha doce e salgada, e milho cozido e servido com manteiga", observa dona Dulce. Sobre o preparo de uma pamonha de qualidade, ela explica que, por mais que alguém tenha uma receita-base, é preciso entender o ponto do milho. "Porque num dia ele vai estar mais molinho e no outro mais duro. O milho ideal para fazer a pamonha é o mais verdinho. Mas é sempre a mão que irá sentir o milho e saber se deve colocar mais ou menos leite na receita."

Dona Dulce

REQUEIJÃO DE PRATO

Em São Luiz do Paraitinga, a 180 km de São Paulo, é comum encontrar no café da manhã de suas pousadas uma iguaria local: o requeijão de prato. Com sabor suave e textura cremosa, o nome se deve ao fato de ele esfriar e ganhar formato em um prato fundo de ágata.
Em sítio simples na área rural da cidade, dona Dita faz o requeijão de prato desde criança. "Eu aprendi a fazer com a minha mãe. E ela aprendeu com a mãe dela", revela. A senhora de fácil sorriso conta que muitas famílias na região sabem fazer o requeijão. "Mas nem todos ficam igual, né? O meu eles dizem que é bom. Acho que é porque eu tenho a prática desde nova. Eu fui 'teimando' até que um dia aprendi a fazer."
Dona Dita diz que o requeijão é bem diferente do queijo porque nele não se coloca nada industrial. "O coalho dele é obtido de maneira natural. Não é um 'pozinho' não." Para preparar o requeijão, ela deixa o leite fora da geladeira e coberto com um pano de um dia para o outro. "É assim que ele vai coalhar", explica. No dia seguinte, a coalhada é separada do soro e misturada com leite fresco. "Daí eu afervento tudo e aperto com a escumadeira para tirar o soro." A massa coalhada volta então para o fogo e coloca-se o sal. Dona Dita segue o preparo mexendo a massa sem parar até que esteja bem elástica e cremosa. "Agora é só empratar", anuncia. É uma delícia. Fica molinho ou como diz o pessoal da cidade, "cremoso, né?".

Cozinha da Dona Dita
São Luiz do Paraitinga, SP

Gamela com massa de pastel de milho
Paraibuna, SP

PASTEL DE MILHO

Um dos mais conhecidos quitutes de Paraibuna é feito por três irmãs nos fundos de uma casa próxima ao Mercado Municipal. Os pastéis de milho de Terezinha, Lourdes e Bernadete Stábile são um símbolo herdado dos imigrantes italianos que chegaram à região no final do século 19. Com massa feita de farinha de milho, o pastel é uma adaptação da tradicional *fogazza* italiana.

"Todo italiano fazia a sua *fogazza* para comer com café. Só que no século 19 era difícil conseguir trigo por aqui. Por isso a receita foi criada com a farinha de milho", explica o historiador João Rural, que come o salgado desde criança. "Sempre que chego aqui eu peço dois pastéis de ontem e um café de hoje. Isso porque de um dia para o outro a massa acaba fermentando e fica ainda mais gostosa."

O pastel surgiu há mais de 120 anos com o avô das irmãs Stábile, o italiano Nicolau. Porém foi o pai delas, Manuel, mais conhecido por todos como Manezinho, quem agregou fama ao salgado ao vendê-lo em grande quantidade em uma banca do Mercado Municipal. Atualmente o pastel pode ser encontrado na casa das irmãs Stábile nos finais de semana ou em uma banca do mercado nos demais dias. Terezinha explica que o segredo da massa é "dar a liga com polvilho e ser aberta bem fininha". Já em relação ao recheio, "ele não é feito com carne moída, e sim com carne cozida, temperada e depois moída". Ela revela que chega a vender mais de mil pastéis aos sábados e domingos. "Depois da missa, todo mundo vem pra cá comer alguns."

Irmãs Stábile

FAROFA DE IÇÁ

No final da primavera, logo após as primeiras tempestades da temporada, os moradores de Silveiras seguem para os morros ao redor da cidade para catar içás. Homens, mulheres e crianças com garrafas de plástico nas mãos aproveitam a revoada de acasalamento das fêmeas da tanajura para manter viva uma secular tradição local: comer formiga.

Ocílio Ferraz, dono do Restaurante do Ocílio, diz que "comer içá é hábito alimentar herdado dos índios que habitaram a região do Vale do Paraíba. Mas comemos formiga não por necessidade e sim porque é gostosa e faz parte da nossa cultura". Ocílio anuncia que tem o costume de comprar içás em seu restaurante. "As crianças chegam aqui com quilos e mais quilos de formigas limpinhas", conta, referindo-se à retirada da cabeça, pernas e asas. Ele diz que o pré-preparo consiste em uma rápida torra em banha de porco, porcionamento e congelamento. Desta maneira, a içá poderá ser consumida ao longo de todo o ano.

Para Ocílio, a melhor maneira de comer a içá é misturá-la com farinha de mandioca. A farofa servida em seu restaurante é feita em uma pesada frigideira de ferro. Primeiro, coloca-se um pouco de banha. Depois, as içás. Quando o aroma das formigas preencherem o ambiente, é hora de juntar alho picado e mexer. Por fim, junta-se a farinha de mandioca e o sal. "O sabor é único. Não tem nada parecido", afirma Ocílio.

Içás na gordura de porco
Silveiras, SP

Ocílio Ferraz

Mercado Kinjo Yamato
São Paulo, SP

NA FEIRA DOS PRODUTORES DE SÃO JOSÉ DO RIO PARDO
com Jefferson Rueda

Todo domingo bem cedo acontece a Feira dos Produtores de São José do Rio Pardo. Nesse dia, os moradores da área rural seguem para a cidade para vender o que foi produzido durante a semana. Jefferson Rueda, *chef* do restaurante Attimo, sempre que está na casa dos pais faz questão de acordar cedo para ir à feira. Ele conta que, com o pai, Zé Rueda, tomou gosto em ir ao mercado para ver o que é produzido na roça. Hoje é Jefferson que leva os filhos à feira para o costume passar adiante.

Passeando pelo local, o *chef* cumprimenta os feirantes, dá e pede dicas de receitas, cheira e toca os ingredientes. Na frente de uma banca repleta de coquinhos duros e amarelados, ele explica que "isso aqui é a macaúba". Jefferson pergunta ao feirante João se os coquinhos são vendidos por quilo. Ele responde que não. "É vendido por dúzia." "Vixe…", retruca o *chef*. Mas o vendedor o convence a comprar toda a produção contando que quem come macaúba batida no leite vive 10 anos mais do que os outros. "Pode, então, separar tudo que eu vou levar para o restaurante para fazer manteiga", diz Jefferson.

Num canto da feira, uma senhora expõe conservas diversas. Uma delas chama a atenção de Jefferson. "Opa! Olha: é jurubeba. Ela vai bem com arroz, frango, costelinha. Mas é bem amarga", descreve. "Ah, e dizem que é boa para curar úlcera". Em seguida, ele pede para a feirante separar um dos potes de vidro com a jurubeba para levar para a coleção de conservas que tem no restaurante.

O passeio pela feira segue adiante com o *chef* apontando alguns ingredientes que utiliza em sua cozinha como ovos caipiras, caruru, broto de cambuquira, feijões. Mais adiante, Jefferson vê vitrines com carnes resfriadas. "Vamos nos derivados do porco?", indaga. Ele cumprimenta uma senhora com traços italianos chamada dona Cida e pergunta o que tem pra vender. A produtora rural responde: "tem lombo defumado, costelinha, *pancetta*". Jefferson observa a vitrine e pede a ela para pegar um embutido no canto da geladeira. "Isso aqui é o codeguim, uma linguiça feita com carne, gordura e pele de porco cozida e os temperos. É a herança deixada pelos italianos", diz o *chef* provando um pedaço de uma linguiça curada cortada por dona Cida.

Jefferson e o pai Zé Rueda

Mercado Kinjo Yamato
São Paulo, SP

NA FEIRA DOS PRODUTORES DE SÃO JOSÉ DO RIO PARDO
com Jefferson Rueda

Todo domingo bem cedo acontece a Feira dos Produtores de São José do Rio Pardo. Nesse dia, os moradores da área rural seguem para a cidade para vender o que foi produzido durante a semana. Jefferson Rueda, *chef* do restaurante Attimo, sempre que está na casa dos pais faz questão de acordar cedo para ir à feira. Ele conta que, com o pai, Zé Rueda, tomou gosto em ir ao mercado para ver o que é produzido na roça. Hoje é Jefferson que leva os filhos à feira para o costume passar adiante.

Passeando pelo local, o *chef* cumprimenta os feirantes, dá e pede dicas de receitas, cheira e toca os ingredientes. Na frente de uma banca repleta de coquinhos duros e amarelados, ele explica que "isso aqui é a macaúba". Jefferson pergunta ao feirante João se os coquinhos são vendidos por quilo. Ele responde que não. "É vendido por dúzia." "Vixe...", retruca o *chef*. Mas o vendedor o convence a comprar toda a produção contando que quem come macaúba batida no leite vive 10 anos mais do que os outros. "Pode, então, separar tudo que eu vou levar para o restaurante para fazer manteiga", diz Jefferson.

Num canto da feira, uma senhora expõe conservas diversas. Uma delas chama a atenção de Jefferson. "Opa! Olha: é jurubeba. Ela vai bem com arroz, frango, costelinha. Mas é bem amarga", descreve. "Ah, e dizem que é boa para curar úlcera". Em seguida, ele pede para a feirante separar um dos potes de vidro com a jurubeba para levar para a coleção de conservas que tem no restaurante.

O passeio pela feira segue adiante com o *chef* apontando alguns ingredientes que utiliza em sua cozinha como ovos caipiras, caruru, broto de cambuquira, feijões. Mais adiante, Jefferson vê vitrines com carnes resfriadas. "Vamos nos derivados do porco?", indaga. Ele cumprimenta uma senhora com traços italianos chamada dona Cida e pergunta o que tem pra vender. A produtora rural responde: "tem lombo defumado, costelinha, *pancetta*". Jefferson observa a vitrine e pede a ela para pegar um embutido no canto da geladeira. "Isso aqui é o codeguim, uma linguiça feita com carne, gordura e pele de porco cozida e os temperos. É a herança deixada pelos italianos", diz o *chef* provando um pedaço de uma linguiça curada cortada por dona Cida.

Jefferson e o pai Zé Rueda

Feira dos Produtores
São José do Rio Pardo, SP

NO MERCADO DE PARAIBUNA
com João Rural

Paraibuna está a 120 km de São Paulo e foi fundada em 1666. Localizada no Vale do Paraíba, a cidade foi uma das primeiras a servir como ponto de abastecimento de comida para as tropas que iam de Parati (RJ) para Minas Gerais, durante o ciclo do ouro. Um dos símbolos de sua importância como centro de distribuição é o Mercado Municipal, construído no final do século 19.
O pesquisador da cultura caipira João Rural diz que o Mercado de Paraibuna é o único em forma de galpão, construído com paredes e telhado, do Vale do Paraíba. "E está muito bem preservado. Essa vigas de madeira são originais e têm quase 20 metros de comprimento", mostra, apontando para o teto. Ele conta que muitos dos ingredientes encontrados no mercado caracterizam a cozinha caipira, como a cachaça aromatizada com cambuci, o mangarito, e a hortelã pimenta.
Na banca Armazém do Mercado, João Rural destaca a venda à granel de quirera (milho quebrado), fina e grossa, e de taiada, um doce em barra feito com rapadura, farinha de mandioca e gengibre. "A taiada existe esde a época dos tropeiros. É a barra de cereal de antigamente", conta o pesquisador. "Aqui tem também paçoca de amendoim e macarrão de vara, um espaguete grosso com furo no meio.
"O macarrão é comido com frango. É uma herança dos imigrantes italianos. Só que o italiano fazia o frango e o macarrão separados. O caipira, esperto, decidiu juntar tudo numa única panela para sujar menos", brinca João Rural.

NA CEAGESP
com Alberto Landgraf

O setor de pescados da CEAGESP – Companhia de Entrepostos e Armazéns de São Paulo – funciona de terça a sábado, das duas às seis da manhã. Nesse curto período, toneladas de peixes e frutos do mar são comercializadas antes de serem distribuídas para todo o Brasil. "Às vezes vem peixe do Nordeste pra cá pra depois voltar pro Nordeste", revela Alberto Landgraf, *chef* do restaurante Epice e frequentador do local. Ele diz que qualquer pessoa pode comprar pescados na CEAGESP, mas somente por atacado. Entretanto, a maior parte dos compradores são restaurantes japoneses, redes de supermercados, e peixarias de feiras de rua. "O que me atrai na gastronomia não são só os produtos, são as pessoas."

Alberto conta como funciona a logística do entreposto: "O peixe vem do litoral e fica armazenado dentro de caminhões frigoríficos até as duas da madrugada, quando começam as vendas. O comércio é baseado na confiança". Ele explica que o cliente chega ao local, examina o peixe e diz seu nome, caso queira comprá-lo. No final da noite, um carregador leva o pedido para a área externa, onde acontece o pagamento.

Alberto circula pelos peixeiros. Conversa com um, conversa com outro e analisa cavalinhas, sardinhas, atuns, garoupas e outras espécies. "Hoje a cavalinha tá bonita. A carne dela tá firme e fresca", diz. O *chef* revela que, infelizmente, é mais comum encontrar em cardápios de restaurantes um salmão congelado do Chile do que uma cavalinha fresca do litoral brasileiro. Outro peixe que ele admira é a garoupa. "É um peixe de rocha que me atrai muito por causa de sua carne gelatinosa. E dá um caldo maravilhoso", destaca.

Alberto Landgraf

Garoupas

NO MERCADO MUNICIPAL
com Mara Salles e Neide Rigo

O Mercado Municipal de São Paulo, mais conhecido como Mercadão, foi inaugurado em 1933. O projeto do edifício, em estilo neoclássico, foi do arquiteto Ramos de Azevedo e levou quatro anos para ser concluído. No local, o visitante pode saborear dois ícones da gastronomia paulistana – o sanduíche de mortadela do Bar do Mané e o pastel de bacalhau do Hocca Bar, além de comprar frutas exóticas, queijos importados, lombo de bacalhau, conservas e especiarias.
As amigas Mara Salles, *chef* do restaurante Tordesilhas, e Neide Rigo, nutricionista e autora do blog *Come-se*, gostam de chegar ao Mercadão bem cedo para circular pelos corredores com maior tranquilidade. Um dos fornecedores de Mara é o açougueiro Sílvio, do Porco Feliz. A *chef* diz que somente de um tempo para cá os restaurante mais sofisticados passaram a incluir o porco no cardápio. No Tordesilhas, por exemplo, há a Ripa de Costelinha com Risoto Mulato e Couve. Mais adiante, no Empório Chiappetta, Mara aponta para tinas de madeira com azeitonas, alcaparras, corações de alcachofra e diz: "isso para mim tem a cara de São Paulo, das cantinas italianas". As iguarias representam a herança dos imigrantes europeus na capital.

85

NO MERCADO KINJO YAMATO
com Mara Salles e Neide Rigo

Do outro lado da rua do Mercadão está o Mercado Kinjo Yamato, inaugurado em 1936 e cuja cobertura de ferro vinda da Escócia é tombada pelo patrimônio histórico. Neide conta que o nome do mercado é uma homenagem ao primeiro imigrante japonês com formação superior. Ela explica que foram os imigrantes japoneses que começaram a vender mercadorias no local e, consequentemente, a abastecer o Mercado Municipal. "O Kinjo Yamato é o primo pobre do Mercadão. Enquanto lá tem o apelo turístico, aqui a gente encontra com os produtores", diz a nutricionista. "Além disso, os produtos são bem mais baratos. E é só atravessar a rua."

Pitaia

Folhas de uva

Neide Rigo e Mara Salles

NO MERCADO DA LAPA
com Mara Salles e Neide Rigo

Mara e Neide costumam ir a outro mercado de São Paulo, o Mercado da Lapa, quando precisam comprar miúdos ou outras partes desprezadas de animais, como pés e cabeças de frango. "Localizado no bairro da Lapa, foi inaugurado em 1954 e atende majoritariamente a população local. Neide conta que o Mercado da Lapa faz parte de sua história: "Meu pai trabalhava na Lapa e, quando recebia, sempre passava aqui para levar pra casa aquela geleia colorida de gelatina, mocotó, e camarão". As duas amigas destacam que enquanto o Mercadão tem como característica vender ingredientes mais europeus, como bacalhau, azeitona, queijos e embutidos; o da Lapa têm produtos da cozinha nordestina, como manteiga de garrafa, jabá, licuri e favas.
Na banca Rei dos Miúdos, uma vitrine refrigerada expõe dobradinha, mocotó, fissura, fígado e tripas. Mara diz que "a morte de um bicho tem que valer a pena. A gente tem que saber aproveitar todas as partes do bicho". Ela completa que os *chefs*, hoje em dia, estão dando mais atenção aos ingredientes considerados de "segunda". Neide conta que é muito interessante passar alguns minutos no local para descobrir como as pessoas utilizam os miúdos para fazer receitas deliciosas.

91

Restaurante da Dona Licéia
Arapeí, SP

Dona Licéia nasceu em Minas Gerais e gosta de utilizar na cozinha os ingredientes do seu próprio quintal, como couve, quiabo, lichia, laranja-da-terra, ovo caipira, pato, coelho, e galinha d'angola.

FEIJÃO
TROPEIRO

ingredientes

1 kg de feijão vermelho
1 pitada de bacon
Gordura de porco
Alho
250 g de cebola
250 g de tomate
5 ovos
Farinha de mandioca (ou de milho)
Sal a gosto

MODO DE PREPARO

Cozinhar o feijão no ponto *al dente*. Refogar o alho em gordura de porco. Acrescentar o tomate e a cebola picados e, por último, os ovos. Mexer até formar um mexido. Escorrer o feijão e colocá-lo na panela. Misturar bem. Por fim, colocar farinha de mandioca ou de milho a gosto, tomando cuidado para a mistura não ficar muito seca. Finalizar com sal a gosto.

Depois de pronto, colocar em uma travessa e servir com acompanhamentos como torresmo, lombo guardado na banha de porco, couve picada e refogada, banana-da-terra e linguiça. Por cima do tropeiro pode-se ainda colocar ovos caipiras fritos.

Cavalinha

Alberto Landgraf é paranaense e *chef* do restaurante Epice. Antes de inaugurar a casa, estudou na escola de gastronomia Westminster Kingsway College, em Londres, e trabalhou ao lado de *chefs* como Tom Aikens e Gordon Ramsay.

CAVALINHA CURADA

ingredientes

PARA A CURA DA CAVALINHA:
- 100 g de sal
- 55 g de açúcar
- Raspas de 2 limões-sicilianos
- 10 g de tomilho picado

PARA O PICLES:
- 200 g de água
- 200 g de vinagre
- 20 g de açúcar
- 15 g de sal

MODO DE PREPARO

Limpar as cavalinhas, tirando os filés. Não tirar os ossos. Misturar os ingredientes secos fazendo uma cura. Espalhar os ingredientes em uma bandeja, e deitar os filés de cavalinha com a pele para cima, apertando firme de modo que toda a carne da cavalinha esteja em contato com a cura. Deixar por duas horas refrigerados. Lavar e secar bem.

Misturar os ingredientes do picles até dissolver bem. Colocar num saco a vácuo com os filés da cavalinha e dar vácuo máximo até o líquido borbulhar. Deixar por 25 minutos. Tirar do saco, cortar os filés em ambos os lados da espinha, separando em dorso e barriga as partes. Servir imediatamente com agrião ou vinagrete.

Pratos do restaurante Attimo

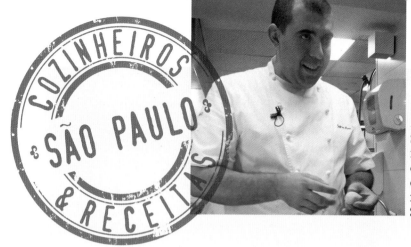

Jefferson Rueda é natural de São José do Rio Pardo e *chef* do restaurante Attimo. Ele define sua cozinha como "ítalo-caipira", que combina a cultura deixada pelos imigrantes italianos no interior de São Paulo com a comida da roça.

RAVIOLI SURPRESA DE GALINHA CAIPIRA COM QUIABO

ingredientes

RAVIOLI:
250 g de farinha de grano duro
125 g de farinha de trigo
7 ml de azeite
25 ml de água morna
100 g de recheio de quiabo (abaixo)
100 g de recheio de galinha caipira (abaixo)
400 ml de molho de galinha (abaixo)
20 g manteiga
20 g de parmesão
Sal e pimenta-do-reino
Crocante de quiabo para decorar

RECHEIO DE QUIABO:
120 g de quiabo
Azeite de oliva extra virgem
Sal e pimenta-do-reino

RECHEIO DE GALINHA CAIPIRA:
1 galinha caipira grande
3 dentes de alho
1 cebola
1 cenoura
1 talo de salsão
1 louro
1 galho de alecrim

CROCANTE DE QUIABO:
4 quiabos grandes

MOLHO DE GALINHA:
1 carcaça de galinha
1/2 pé de porco
1 cebola bruleé

MODO DE PREPARO

Massa: Misturar as farinhas, adicionar azeite e água morna. Misturar e cilindrar até a massa ficar completamente homogênea. Abrir com rolo ou cilindro. Cortar a massa em tiras de 10 cm de largura. Colocar 1 colher de café de recheio de quiabo e outra colher de café de recheio de galinha na mesma direção. Fechar um lado de baixo, o outro do lado de cima e cortar as laterais com uma carretilha.

Recheio de galinha caipira: Retirar as coxas e sobrecoxas da galinha para o recheio. Reservar o resto da carcaça para fazer o molho. Marinar as coxas e sobrecoxas com cebola, cenoura, salsão, louro, alho e alecrim por 24 horas. Retirar a marinada. Selar as partes até ficarem douradas. Saltear os legumes da marinada na mesma panela, cobrir com água e cozinhar até ficarem macios. Retirar a carne do osso e processar com a manteiga e o parmesão.

Recheio de quiabo: Limpar os quiabos, retirar o cabinho e saltear em frigideira bem quente com azeite. Acertar sal e pimenta-do-reino. Processar tudo. Reservar.

Crocante de quiabo: Cortar os quiabos em lâminas bem finas. Secar no forno por 10 horas a 60° C. Reservar.

Molho de galinha: Cortar a carcaça em pequenos pedaços. Levar ao forno a 200° C por 40 minutos até ficarem bem tostados. Tostar o pé de porco a 200° C por 1 hora até ficar bem tostado também. Cortar uma cebola pela metade e tostar em frigideira quente sem óleo até ficar completamente preta. Reservar. Levar galinha, porco e cebola à panela de pressão, cobrir com água e cozinhar por 2 horas em fogo baixo. Coar em pano limpo e deixar o caldo reduzir até o ponto de molho.

Finalização: Cozinhar a massa por 2 minutos em água fervente com sal. Servir com molho de galinha e finalizar com brotos, crocante de pé de galinha e quiabo.

105

Serviço

SITIO DO BELLO
Rodovia dos Tamoios, km 38
Tel.: (11) 3664-7976
Paraibuna – SP
www.sitiodobello.com.br

QUEIJOS RONI (Laticínios São Miguel)
Avenida Amâncio V. da Cruz, 15
Tel.: (19) 3646-2099
São Sebastião da Grama – SP
www.queijosroni.com/profile.html

ARROZ RUZENE
Rodovia Amador Bueno da Veiga, 2020
Tel.: (12) 3648-2298
Pindamonhangaba – SP
www.arrozpreto.com.br

DOCE DE LEITE BRANCO (dona Cila)
Sítio Novo, Zona Rural
Tel.: (19) 3608-3174
São José do Rio Pardo – SP

CANTINHO DA PAMONHA
Rua Jorge Tibiriçá, 190
Tel.: (19) 3608-1210/3681-2905
São José do Rio Pardo – SP

DONA DITA (Requeijão de prato)
Tel.: (12) 9781-5444
São Luiz do Paraitinga – SP

IRMÃS STÁBILE (Pastel de Milho)
Rua Padre Antônio Dias do Prado, 03
Tel.: (12) 3974-0166/3974-0370
Paraibuna – SP

RESTAURANTE DO OCÍLIO (Farofa de Içá)
Fazenda do Tropeiro, s/n – Bairro do Ventura
Tel.: (12) 3106-1103
Silveiras – SP
www.restaurante.ocilioferraz.com

FEIRA DO PRODUTOR DE SÃO JOSÉ DO RIO PARDO
Av. Maria Aparecida Salgado Bragueta, 577
São José do Rio Pardo – SP

MERCADO DE PARAIBUNA
Rua Manoel Antônio de Carvalho
Tel.: (12) 3974-4004
Paraibuna – SP

CEAGESP
Avenida Dr. Gastão Vidigal, 1946
Tel.: (11) 3643-3700
São Paulo – SP
www.ceagesp.gov.br

MERCADO MUNICIPAL PAULISTANO (Mercadão)
Rua da Cantareira, 306
Tel.: (11) 3313-3365
São Paulo – SP
www.mercadomunicipal.com.br

MERCADO KINJO YAMATO
Rua da Cantareira, 306
Tel.: (11) 3228-3432
São Paulo – SP
www.mercadokinjo.com.br

MERCADO DA LAPA
Rua Herbart, 47
Tel.: (11) 3641-3946
São Paulo – SP
www.mercadaodalapa.com.br

RESTAURANTE DONA LICÉIA
Rod. dos Tropeiros (SP-068), Estrada do Caxambu, s/n
Tel.: (12) 3115-1412
Arapeí – SP

EPICE RESTAURANTE (*Chef* Alberto Landgraf)
Rua Haddock Lobo, 1002
Tel.: (11) 3062-0866
São Paulo – SP
www.epicerestaurante.com.br

ATTIMO RESTAURANTE (*Chef* Jefferson Rueda)
Rua Diogo Jácome, 341
Tel.: (11) 5054-9999
São Paulo – SP
www.attimorestaurante.com.br

Babel gastronômica

Chegamos à cidade sem esquinas em uma sexta-feira de céu limpo. Após passar em frente aos monumentos modernos de Niemeyer, chegamos à sorveteria Sorbê, onde fomos recebidos por Rita Medeiros. Ela nos conquistou de imediato ao oferecer sorvetes de frutas do Cerrado como pequi, araticum, jatobá e cagaita. Em seguida, a sorveteira nos guiou por Brasília para nos mostrar árvores frutíferas de troncos rústicos e raízes profundas em pleno Plano Piloto. Fomos também descobrir quais os motivos que fizeram com que a farofa de ovos do restaurante Dom Francisco se tornasse uma tradição local.

No fim de semana, os cozinheiros Luiz Trigo e Mara Alcamim nos apresentaram às duas das mais tradicionais feiras do Distrito Federal: a Feira do Guará e a Feira do Produtor de Vicente Pires. Nesses lugares percebemos que a capital federal é uma mistura de culturas regionais de povos vindos de diversos cantos do país. Nas feiras encontramos ingredientes o baru do Cerrado, a erva-mate do Sul, o queijo coalho do Nordeste e o tucupi da região amazônica. E como bem disse Mara, foi dessa mistura de culturas e sabedorias que Brasília se tornou singular.

Congresso Nacional
Brasília, DF

113

114

Tronco do cagaiteira
Brasília, DF

FRUTAS DO CERRADO BRASILIENSE

Desde a infância a sorveteira Rita Medeiros tem uma relação próxima com o Cerrado. Quando criança subia nas árvores de troncos rústicos e raízes profundas que caracterizam o bioma vigente na capital federal.

Em um passeio por Brasília, a autora do livro *Gastronomia do Cerrado* mostra a existência de várias árvores cujos frutos utiliza nas receitas de seus sorvetes. Na Asa Norte, perto do Eixo Rodoviário, Rita segue a pé até uma cagaiteira. "Tem 8 anos que eu colho as frutas deste pé." Para saber a época da colheita, Rita explica que "quando acontecem as primeiras chuvas da primavera, as folhas da cagaiteira caem e a árvore fica branca de tantas flores". Menos de um mês depois surgem as frutas de casca esverdeada e polpa suculenta e ácida.

Nos arredores do Palácio da Alvorada, Rita aponta para uma palmeira alta com frutos em cachos. "É um buritizeiro", conta. A fruta, o buriti, possui casca dura e amarronzada dura e polpa amarela e rica em betacaroteno. Próximo ao Palácio do Jaburu, a sorveteira indica a presença de um frondoso pequizeiro. "Não se deve coletar o pequi do pé e sim do chão. Uma das características das frutas do cerrado é que quando estão maduras, elas caem."

Cagaita

Rita ao lado de um pequizeiro
Brasília, DF

OS SORVETES DA SORBÊ

Fundada em 2005, a Sorbê é especializada em sorvetes artesanais feitos com frutas nativas do Cerrado. A proprietária Rita Medeiros conta que um dos objetivos da sorveteria é divulgar os sabores exóticos e pouco conhecidos de ingredientes como a mama-cadela, o araticum, o bacuri, a cagaita, o jatobá, o jenipapo e outros.
Devido ao curto período da safra de muitas frutas – algumas duram apenas uma semana –, Rita opta pelo congelamento da fruta *in natura* para utilizá-la ao longo do ano. Sobre o preparo do sorvete, ela explica que, desde a abertura do negócio, sempre quis enaltecer o sabor próprio de cada fruta. "Uso pouco açúcar nas receitas. E no caso de frutas cujo sabor será favorecido pelo uso de leite, como pequi, jatobá e bacuri, eu o utilizo no lugar da água." Outro diferencial da Sorbê é a produção em pequenas quantidades. Pois o sabor do sorvete feito há pouco tempo será sempre melhor do que aquele feito há alguns dias.

Rita Medeiros

TRADIÇÕES DISTRITO & FEDERAL REGIONAIS

Farofa de ovos do restaurante Dom Francisco
Brasília, DF

A FAROFA DO DOM FRANCISCO

Nenhuma outra cidade brasileira é habitada por pessoas com culturas tão diversas como Brasília. Muitos de seus moradores vieram de outras regiões do país. Há quem emigrou da região amazônica, dos Pampas, no Sul, do litoral nordestino ou de capitais como Rio e São Paulo. Tamanha Babel se reflete na gastronomia local. Entretanto, pode-se afirmar que um único ingrediente une esses povos: a farinha. "De Norte a Sul você tem farinha. Tem diferentes usos, diferentes preparações, mas todos a usamos, comemos e valorizamos", afirma Francisco Ansiliero. proprietário do restaurante Dom Francisco cuja farofa de ovos se tornou referência e tradição na capital federal. "A farofa em Brasília era feita de manhã em panelões e atendia a todos até o dia seguinte. Eu fiz o contrário: decidi que a minha farofa ia ser feita na hora do pedido do cliente", explica Francisco. O *chef* diz que muitos vão ao restaurante e escolhem primeiro a farofa. Somente depois pensam no que irá acompanhá-la. "Eu gosto de usar a farinha artesanal, aquela que é feita em tacho, que é puxada com a pá. Pois tem muito mais amido, sabor e aroma." Outro diferencial da farofa de ovos do Dom Francisco é a utilização na receita tanto de óleo de girassol quanto de manteiga clarificada. O uso de ambos favorece o sabor e não pesa no estômago. Francisco revela ainda que sua farinha vem da cidade de Nazaré, na Bahia. "Fiz questão de montar uma logística para trazer essa farinha para o meu restaurante, pois é a melhor que conheço", resume.

Francisco Ansiliero

FEIRAS & MERCADOS
DISTRITO FEDERAL

131

NA FEIRA DO PRODUTOR DE VICENTE PIRES
com Mara Alcamim

A Feira do Produtor de Vicente Pires surgiu em 1995, por meio de uma iniciativa da Associação Comunitária do Setor Habitacional de Vicente Pires. Logo se tornou uma das mais importantes feiras do Distrito Federal, reunindo mais de uma centena de comerciantes de hortifrutigranjeiros.

Mara Alcamim, *chef*-proprietária do restaurante Universal Diner, é uma das frequentadoras do local. "Aqui a gente encontra a melhor mandioca amarela de Brasília", revela. A *chef* também destaca as bancas de temperos e especiarias, a carne de sol artesanal, a galinha caipira vendida com as ovinhas e os derivados do milho. "O milho é um dos símbolos de Brasília. Em todo mercado a gente sempre encontra curau e pamonha." Outro ingrediente visto na feira é a gueroba, um palmito amargo usado na culinária local em saladas ou como recheio de empadão goiano. "Eu, pessoalmente, não gosto. Acho muito amargo. Mais até do que jiló", conta a *chef*. Porém, ao lado dela, o feirante Adelino a contesta: "Ah, eu adoro gueroba. Quando você é criado com ela e fica sem, sente falta. Eu como gueroba toda semana. Picado cru e misturado no meio da comida".

Sobre as características da culinária brasiliense, Mara diz que "quando construíram Brasília, deram incentivos pra todo mundo vir pra cá. Não temos uma única personalidade. Somos uma mistura de vários povos, como o mineiro, o goiano, o carioca e o nordestino. E dessa mistura nasceu nossa culinária".

133

Vendedor de gueroba

Mara Alcamim conversa com feirante

Pamonha frita

NA FEIRA DO GUARÁ
com Luiz Trigo

A Feira do Guará é uma das feiras mais antigas e tradicionais do Distrito Federal. Fundada em 1967, funcionou como feira livre a céu aberto até 1983, quando ganhou estrutura metálica para abrigar centenas de boxes em uma área de mais de 10.000 m².

Luiz Trigo, consultor gastronômico e cozinheiro, conta que a feira se tornou conhecida dos brasilienses pela qualidade de suas bancas de peixes. "Muitos restaurantes têm os peixeiros daqui como fornecedores. E apesar de estarmos no coração do Brasil, é possível encontrar peixes e frutos-do-mar frescos aqui no Guará."

No local, há ainda dezenas de barracas especializadas em ingredientes típicos do Nordeste, como tucupi, polpa de cupuaçu, farinha d'água e até o dulcíssimo Guaraná Jesus. "Daqui do Cerrado, a gente encontra o baru, uma castanha que pode ser consumida torrada ou usada em molhos para massas ou como farinha para fazer pães."

Em uma banca no meio da feira, Luiz aponta ingredientes que representam a Babel que é a cozinha de Brasília. "Do Centro-Oeste, aqui, a gente tem pequi em conserva e jurubeba. Da Bahia, camarão seco. Do Piauí, a garrafa de cajuína. E, do Sul, a erva-mate dos gaúchos. Incrível, não?", indaga o cozinheiro.

Luiz Trigo

Vinagreira

Palmitos gueroba

142

Mara Alcamim é *chef*-proprietária do restaurante Universal Diner e consultora de gastronomia em Brasília.

PAMONHA FRITA COM QUEIJO DE CABRA, CAVIAR E OVINHA DE GALINHA CAIPIRA

ingredientes

6 espigas de milho (o milho não pode ser muito mole)
3 ovos
2 e 1/2 colheres (sopa) de farinha de trigo
2 xícaras (chá) de queijo goiano meia-cura ralado grosso
Pitada de sal
Pitada de açúcar
Queijo de cabra fresco
Ovinha de galinha caipira
Caldo de galinha caipira
Caviar
Farofa de mandioca
Brotos de alfafa

MODO DE PREPARO

Cortar o milho da espiga e bater no liquidificador com os ovos inteiros. Misturar a farinha, o sal e o açúcar. Juntar o queijo e misturar. (O ponto da pamonha deverá ser uma massa pastosa que possa ser moldada com uma colher de sopa). Fazer uma bolinha com o queijo de cabra fresco e colocar no centro da massa de pamonha crua. Fritar em óleo quente. Retirar do óleo quando ficar bem dourada e descansar no papel toalha. Cozinhar a ovinha de galinha no caldo de galinha caipira (não deixar o caldo levantar fervura). Reservar. Reduzir o caldo de galinha em fogo alto até engrossar. Em um prato, colocar a pamonha frita, a ovinha, o caviar e a farofa e decorar com brotos de alfafa. Regar com o molho de galinha caipira e servir.

DISTRITO FEDERAL

Serviço

SORBÊ SORVETES ARTESANAIS (Rita Medeiros)
Setor Comércio Local Norte 405, Bloco C, Loja 41
Tel.: (61) 3447-4158
Brasília – DF
www.sorbe.com.br

RESTAURANTE DOM FRANCISCO (Farofa de ovos)
ASBAC – Associação dos Servidores do Banco Central
Setor de Clubes Esportivos Sul, Trecho 2, Cj. 31
Tel.: (61) 3224-8429/3226-2005
Brasília – DF
www.domfrancisco.com.br

FEIRA DO PRODUTOR VICENTE PIRES
Rua 4A, Setor Habitacional Vicente Pires – Taguatinga
Tel.: (61) 9983-6372

FEIRA DO GUARÁ
Área Especial do Cave – Guará II.
Tel.: (61) 3383-7214

UNIVERSAL DINER (*Chef* Mara Alcamim)
Comércio Local Sul, Quadra 210, Bloco C, Loja 12/18
Tel.: (61) 3443-2089
www.restauranteuniversal.com.br

147

Garrafa de dendê
Mata de São João, BA

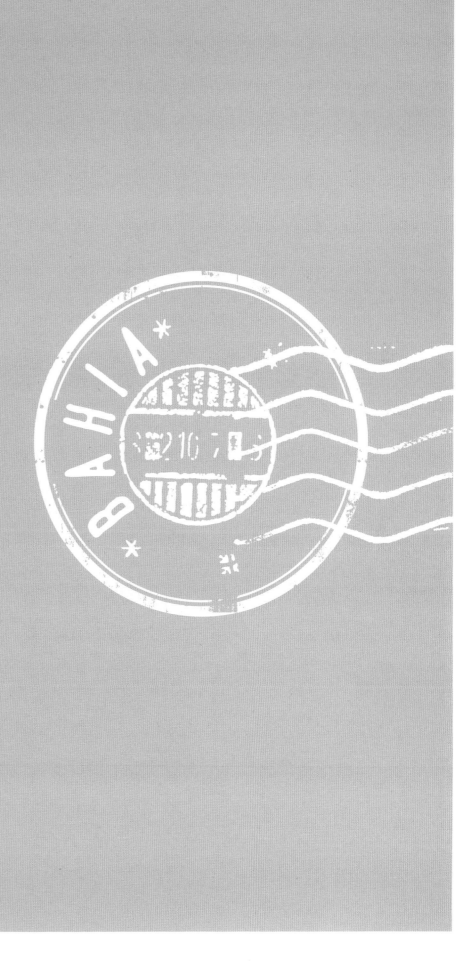
149

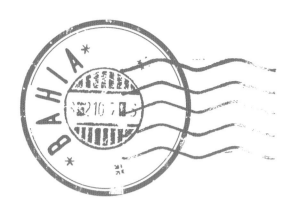

Mesas coloridas

Uma das lembranças da etapa da expedição na Bahia foi a incessante chuva que caiu ao longo de quase todos os dias. Não importava onde estivéssemos – litoral sul, Recôncavo, capital e até sertão –, ela insistia em nos acompanhar. O jeito foi enfrentá-la, protegendo as câmeras com sacos plásticos e guarda-chuvas. Quanto a nós, optamos por usar roupas que pudessem molhar e comprar toalhas para nos secar após as entrevistas. Em Uruçuca, na Fazenda Leolinda, tivemos o prazer de saborear uma iguaria que ficará eternamente marcada em nossa memória: o mel de cacau. Provar o sumo que escorre do cacau mole foi, sem dúvida, um dos melhores momentos de toda a expedição. Dias depois, em Salvador, fomos conquistados pela simpatia da *chef* Tereza Paim, que nos guiou pelos labirínticos corredores da Feira de São Joaquim, e pelo bom humor do *chef* Beto Pimentel, que nos mostrou a riqueza das frutas do quintal de seu restaurante. Descobrimos que no município de Nazaré é feita uma das melhores farinhas de mandioca do Brasil, que em Mangue Seco as marisqueiras atraem o aratu com o canto, que Juazeiro é terra do bode, e, que ao lado dos cactos do sertão, é produzido um dos melhores vinhos do país.

Mangue Seco, BA

Praça central
Mangue Seco, BA

155

157

O CACAU DE URUÇUCA

A Fazenda Leolinda está localizada em Uruçuca, cidade vizinha a Ilhéus. Parte de seus 700 ha é dedicada à plantação de cacau. "Apesar de ele ser nativo da Amazônia, no sul da Bahia temos quase 300 anos de história do cultivo de cacau", explica o produtor João Dias Tavares.

O sistema implantado na fazenda é o cabruca, que consiste no cultivo do fruto debaixo da Mata Atlântica. "O cacau precisa de sombra. Por isso, tiramos as árvores mais baixas e deixamos as mais altas, as que são nativas da região. Isso permite uma entrada de 50% de luz natural, favorecendo o fruto e preservando a mata", destaca João Dias. Ele conta que o nome "cabruca" se deve à expressão usada pelos fazendeiros: "vem 'cá brocar' a mata".

A safra do cacau acontece de maio a dezembro. Para alcançar uma amêndoa de qualidade – e, consequentemente, um chocolate de qualidade –, o fruto deve ser colhido no ponto ideal de maturação. "O que determina o sabor do chocolate é a variedade do cacau e o beneficiamento adequado – ou seja, a seleção do fruto, a fermentação, a secagem e a maturação."

Fazenda Leolinda
Uruçuca, BA

161

João Dias Tavares

João Dias explica que o cacau colhido é conduzido para um único lugar para facilitar a seleção e a abertura do fruto. "Aqueles que tenham sido infectados com doenças ou perfurados por aves são descartados", diz o cacaueiro. Segue-se a abertura do fruto e a retirada das amêndoas. Antes do cacau mole – a amêndoa envolvida pela polpa – seguir para a fermentação, cumpre-se uma tradição. "É feita uma cama de cacau para que dela escorra o mel de cacau, que é a polpa sem os seus sólidos. É uma iguaria. E por ser muito rico em açúcar e, portanto, de rápida fermentação, somente quem visita uma fazenda de cacau tem o privilégio de prová-lo." Na casa de fermentação, o cacau mole é colocado em dornas de madeira. Com o tempo, inicia-se o processo de transformação dos açúcares em álcool. É nessa etapa que as amêndoas, por meio da ação das leveduras, começam a ganhar sabor e complexidade aromática. Após o quinto dia de fermentação, elas são levadas para um sistema de estufas, para perder umidade. Por fim, as amêndoas seguem para a casa de maturação. "Todas são armazenadas por três meses em sacos especiais que impedem a entrada de umidade. Isso irá arredondar o sabor da amêndoa e deixá-la perfeita para seguir para uma eventual fábrica de chocolates", revela João Dias.

Mel do cacau

A CAPITAL DO BODE

Laércio Filho e Edjane Passos são técnicos agropecuários em Juazeiro. Ambos atendem os produtores ovinos da região para ensiná-los técnicas que permitam a inserção do animal no mercado com maior qualidade e, consequentemente, melhor preço.

"As cabras, antigamente, ficavam soltas e não tinham nenhum tratamento adequado. Seja para doenças ou na lida do dia a dia", diz Edjane. "Hoje existe até mesmo um acompanhamento de melhoria genética do animal." A técnica conta que, no passado, era necessário esperar 3 anos para o bode chegar ao peso de quinze quilos, o ideal para o abate. Agora, bastam 5 ou 6 meses. Com a mudança, a carne do bode, por ser jovem, torna-se mais macia e mais apreciada. "A gente sente que os consumidores têm exigido mais qualidade e os produtores acabam tendo que acompanhar essa exigência", revela Edjane.

Laércio observa que a carne de bode de Juazeiro possui outro diferencial em relação aos ovinos de outros lugares. "Nossa Caatinga é muito rica. As plantas daqui tem boa carga protéica. E a Caatinga influencia bastante no sabor da carne do animal. É por isso que o bode de Juazeiro é tão apreciado", diz Laércio. Ele declara que, atualmente, há ainda a diferenciação dos cortes do animal. "No tempo dos meus pais, a mulher matava o bode, tirava o osso, salgava e estendia num varal para consumi-lo ao longo de semanas. Hoje não. Agora a gente pode saborear o pernil, a paleta, o carré, o filé e até a picanha do bode." É por esses motivos que Juazeiro se tornou a capital nacional do bode.

Laércio e Edjane

Fazenda Sertãozinho
Distrito de Itamotinga – Juazeiro, BA

VINHOS DO VALE DO RIO SÃO FRANCISCO

A vinícola Ouro Verde, pertencente ao grupo Miolo, está localizada no município de Casa Nova, em pleno sertão baiano. "Quando os primeiros produtores começaram a cultivar uvas vitíferas na região do Vale do Rio São Francisco, eles foram chamados de loucos", conta o enólogo Rafhael Ribeiro. Afinal, se usualmente a produção de vinhos acontece em locais de clima ameno, por que, então, produzi-los no calor árido do agreste brasileiro? "Aqui temos sol, em média, 300 dias por ano. O que a uva precisa é de sol e água na medida certa", explica Rafhael. Com o sistema de irrigação por gotejamento de águas do Rio São Francisco, a vinícola colhe duas safras de uva por ano.

O projeto de produzir vinho no sertão começou no início dos anos 2000, quando uma antiga vinícola existente na região foi adquirida pelo grupo Miolo e inteiramente restaurada e modernizada. "As uvas aqui plantadas eram de mesa e em sistema de pérgola – com dossel horizontal e semelhante a um caramanchão. Agora há somente uvas vitíferas em sistema de espaldeira – com dossel em vertical." O enólogo revela que a uva que melhor se adaptou à região foi a shiraz. Rafhael explica que, após a colheita, as uvas passam pela etapa do desengaçamento – a separação do mosto, casca e semente – antes de seguir para os tanques de fermentação. Depois acontece a estabilização e a filtragem do vinho para ser engarrafado – no caso de vinhos jovens – ou seguir para as barricas de carvalho para envelhecimento.

171

172

Rafhael Ribeiro

Engarrafamento de espumantes
Casa Nova, BA

A CATA DO ARATU

Maria do Socorro vive da cata do aratu em Mangue Seco. "Tenho todos os meus documentos de marisqueira", diz. "Quando eu cheguei aqui, o trabalho que tinha pra fazer era esse. Daí eu aprendi." Socorro conta que muitas famílias da região vivem da renda do mangue. "O mangue é muito rico; tem o aratu, tem o siri, tem o caranguejo, tem a ostra do mangue", lista Socorro.

A marisqueira explica que a cata do aratu é, na verdade, uma pescaria. Pois usa-se uma vara de bambu com isca de pedaços de peixe ou do próprio aratu. "E só dá para pescar na maré vazante", conta, antes de entoar um canto próprio que serve para atrair o caranguejo de porte médio e carapuça avermelhada: "Uuuuruuu... ruuu... ruuu...".

Em questão de segundos, os aratus deixam a toca e seguem em direção à isca. A marisqueira ergue a vara com o crustáceo e o coloca dentro de um balde. E assim segue a pescaria até Socorro ter catado dezenas de aratus. A marisqueira retorna, então, para a casa, com o balde cheio, onde irá lavar os caranguejos e colocá-los dentro de uma imensa panela com água fervente e sal. Segue-se então a cata da carne. Com a ajuda de um pequeno martelo, ela quebra as patas e as carapuças e separa toda a carne do animal. Socorro revela que para ter um quilo de carne é preciso catar pelo menos uma centena de aratus. Por fim, ela destaca como gosta de saboreá-los: "Na moqueca, misturado com ovos em uma fritada, e até com feijão e farinha junto, com copo de café".

177

Aratu

180

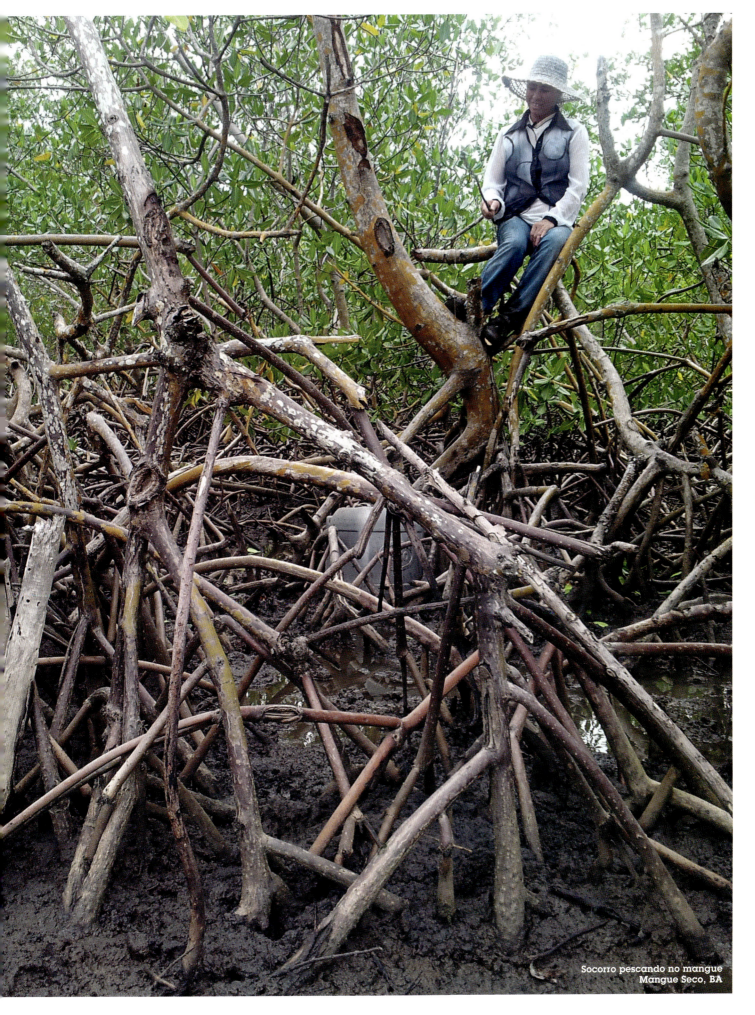

Socorro pescando no mangue
Mangue Seco, BA

Farinha do Vale da Copioba
Nazaré, BA

AS FRUTAS DO BETO

Poucos acreditam que Beto Pimentel, *chef* do restaurante Paraíso Tropical, tem mais de 80 anos. Sua saúde invejável faz muitos acreditarem que sua idade seja 20 anos abaixo da verdadeira. Talvez a razão para tamanha vivacidade seja sua paixão pelas frutas. No quintal anexo ao restaurante, Beto possui milhares de árvores frutíferas. "Eu tenho aqui mais ou menos duzentas variedades de frutas", conta o *chef*. Em uma uma área de 60.000 m², há mais de 6 mil pés de frutas; muitas delas desconhecidas pela maioria dos brasileiros, como biri-biri, ingá, cupuaçu, cacau, e amarula. "Aqui na Bahia, nós temos cinco tipos de achachairu. E o Brasil ainda não conhece o achachairu", conta, enquanto apanha do pé uma fruta de cor laranja e de pequeno porte. Ao colocá-la na boca, descreve que "lembra uma mistura de pitanga com cacau".

Biri-biri

Dendê

Flor da carambola

Maturi

187

Outra fruta que Beto destaca é o biri-biri, que é servido nas moquecas do restaurante em substituição ao limão. O vasto conhecimento de Beto em relação às frutas e suas propriedades nutritivas vem de sua formação. "Sou agrônomo e fiz química alimentar em Paris por um ano", revela o *chef*.

Em uma mesa ao lado da cozinha do Paraíso Tropical, há inumeros potes com as frutas e os temperos utilizados por Beto em suas moquecas. Ele lista os ingredientes: "Aqui tem a acerola, o biri-biri, a tangerina, a polpa do dendê, o caldo do cacau, a água de coco verde, o maturi, o licuri verde, a flor da carambola e as folhas picadinhas de limão-cravo, de laranja-da-terra, de tangerina e de capim-santo, do licuri verde, flor da carambola".

O *chef* conta que todas as receitas do cardápio usam a água de coco ao invés da água filtrada. "Deve ser o único restaurante do mundo que não usa água pra nada", declara Beto. "Usando frutas, seus pratos vão ser mais saudáveis, mais nutritivos e mais saborosos. Mas é preciso saber como usá-las. Tudo depende de temperatura. Tudo tem de ser feito em fogo brando. Pois a alta temperatura acaba com as vitaminas das frutas e transforma o colesterol do bem, como o do dendê, em triglicerídeo. Daí adeus artéria e adeus digestão.

FARINHA DE COPIOBA

A farinha de mandioca é um símbolo identitário tão forte de Nazaré que o produto passou a batizar a cidade. Hoje o município é conhecido pelos baianos como Nazaré das Farinhas e não mais Nazaré.

O comerciante Leonam Torres conta que a farinha é produzida em uma região rural de Nazaré, conhecida como Vale da Copioba. "Tem pessoas que usam o nome de Copioba em sua farinha sem pertencer ao Vale da Copioba. Isso porque tentam pegar carona na fama da farinha daqui", afirma Leonam.

Edílson de Santana é um dos produtores do Vale da Copioba. "A farinha é muito antiga, surgiu antes de eu ter nascido. Aprendi a fazê-la com o meu pai, ainda criança, assim como a maioria das pessoas daqui que vivem da farinha", conta Edílson. Em relação ao feitio, ele explica que tudo começa no cultivo. "Tem que plantar a mandioca três dias depois da lua cheia. Se não plantar na lua certa, ela fica fininha." Depois de colhida, a mandioca é selecionada, descascada, ralada e colocada na prensa de um dia para o outro para perder água e ganhar sabor. No dia seguite, a massa ralada segue para os tachos. Dá-se, então, o início da torra, feita com o auxílio de rodo e paleta. "A paleta serve para desembolar a farinha e o rodo para puxar. Não se pode mexer a farinha rápido demais senão ela fica batida", explica o produtor. "Quando ela estala e canta mais alto é hora de tirar a farinha do tacho e peneirá-la."

As características da farinha do Vale da Copioba são cor amarela, granulação fina e crocância na boca. "É muito boa. E eu não consigo ficar sem ela. Se não tiver farinha na comida, prefiro nem almoçar", resume Edílson.

Edílson de Santana

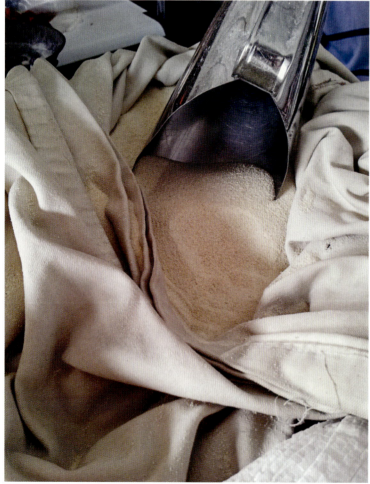

DENDÊ DO GIL

Gil é produtor artesanal de dendê na região da Praia do Forte, no município de Mata de São João. "Eu vendo o dendezinho por tudo que é canto. Vendo para os turistas na praia, para as pousadas e até entrego para uns restaurantes da vizinhança."

Com a conquista de mercado pela indústria do dendê, a extração artesanal do óleo do fruto vem se tornando uma raridade. "Quem entende de cozinha prefere o dendezinho artesanal. O industrial tem gosto de ranço e cheiro de óleo queimado", afirma Gil. "O dendê de muita quantia acaba apodrecendo. O camarada vai tirar um caminhão inteiro e deixar num canto. Aí o dendê vai sair com ranço porque já tá podre. Aqui nós trabalhamos só com dendê são, com dendê bom."

A primeira etapa da produção do dendê é a seleção do fruto, que deve estar maduro; ou seja, caindo do pé. Segue-se o cozimento dos frutos em água fervente, a bateção em pilão de madeira para separar caroço de bucha, e o aquecimento no tacho. Por fim, toda a bucha vai para a prensa. Debaixo dela, um balde vai coletando o dendê que pinga em gotas grossas e avermelhadas.

Com uma garrafa do dendê em mãos, Gil explica que "a parte de cima é a flor, é o óleo puro. A parte de baixo, mais grossa, é o bambá. Tem gente que gosta de comprar o dendê só com a flor. Mas é porque não entende das coisas. Porque se alguém coloca só a flor na moqueca, não vai dar certo, porque água e óleo não se misturam. Por isso tem que balançar bem a garrafa para misturar as duas partes e colocar na moqueca. Aí sim ela vai ficar bem gostosa", diz Gil.

Gil dos Santos

TRADIÇÕES & REGIONAIS
BAHIA

Acarajé
Salvador, BA

ACARAJÉ DA CIRA

Vilson Caetano é antropólogo e adora acarajé. Para ele, o quitute símbolo de Salvador que consiste em bolinho de feijão fradinho recheado com vatapá, vinagrete de tomates e camarões secos – além da pimenta ao gosto do freguês, é claro – é uma representação da cultura africana no Brasil. "O acarajé" é uma palavra composta formada por um verbo da língua iorubá, "je", que significa comer, e "akara", que é bolinho", explica Vilson. "No final do século 18 surgiram os primeiros registros da venda desse bolinho na rua. Eles eram vendidos pela cidade com entoações que anunciavam todos os produtos dentro do balaio. Foi daí, através da junção das palavras que surgiu o nome acarajé".

Um dos acarajés mais tradicionais de Salvador é vendido por Cira no Largo de Itapuã, desde 1956. Nascida e criada no bairro, ela aprendeu o ofício com Dona odete, sua mãe. O diferencial de seu quitute, diz, "é a exigência por bons ingredientes, do dendê ao quiabo usado no caruru, da massa de feijão fradinho sempre fresca ao tamanho dos camarões".

Vilson pede um acarajé completo e com bastante pimenta. Cira entrega o quitute e diz "ajeum", desejando bom apetite em iorubá. "Antigamente, era comum comer o acarajé no quebrar da tarde. Agora muitos o comem como um almoço, como uma refeição. O acarajé deixou de ser uma iguaria típica do final do dia para integrar o cotidiano das pessoas", conta Vilson. "E isso é muito interessante, pois uma cozinha não é feita só de ingredientes. Tem muito mais a ver como o modo de fazer e com os sentimentos e visões de mundo que serão impressos nessa cozinha."

Vilson Caetano

NA FEIRA DE SÃO JOAQUIM
com Tereza Paim

Tereza Paim é *chef* do restaurante Casa de Tereza e frequentadora da Feira de São Joaquim, o principal mercado de abastecimento da Bahia. "É a feira mais antiga da Bahia e está localizada ao lado da Baía de Todos os Santos. Ou seja, é ligada ao mar e abastecida por produtos de todo o Recôncavo Baiano", conta Tereza. "Além deles, a feira tem também produtos que alimentam a nossa alma, que são os acessórios e os modos de preparo das comidas religiosas." É por essa diversidade que a Feira de São Joaquim é tão singular e impressiona quem a visita pela primeira vez.

Ao percorrer os corredores labirínticos da feira, Tereza aponta e ensina como usar alguns ingredientes que marcam a culinária baiana. "O quiabo desta banca pode ser usado para fazer o vatapá ou o caruru", diz. Mais adiante, ela explica que os camarões secos de qualidade não têm a cor vermelha muito viva, pois os que têm levam corantes. "Depois que os camarões são secos, eles devem ser defumados. É assim que se tornam uma especiaria, pois ganham uma nota de sabor bem forte." Tereza conta que uma características da cozinha baiana são as cores: o amarelo do açafrão-da-terra, o laranja do dendê, o vermelho do colorau e o verde do coentro.

Em uma área da feira sob céu aberto, a *chef* aponta para uma caixa com mangabas. "Mangaba quando come assim, fresquinha, tem que beijar na boca pra ficar colando", brinca. Ela diz usar a fruta para fazer molho e servir com camarões.

Tereza Paim

Um pouco mais à frente, destaca a diversidade das pimentas. "Tem malagueta, cumari, dedo-de-moça e a pimenta-de-cheiro, que não arde nada mas tem um aroma maravilhoso."

Em uma banca de queijo manteiga, que é feito com a gordura desprendida do queijo coalho, Tereza revela ter nascido em Tanquinho, na região metropolitana de Feira de Santana. "Tanquinho é a terra do queijo manteiga. Então só de olhar pra ele eu sei se é bom ou não", declara. "Eu me lembro que quando eu era menina, minha vó pegava as garrafas de leite e botava milho dentro. Depois, amarrava no cavalo e mandava a gente ir passear. O milho ficava batendo no leite e ele ia virando manteiga".

No setor de carnes e miúdos, os visitantes de estômagos mais fracos podem se sentir zonzos com a quantidade de carne exposta sem refrigeração e com miúdos raramente encontrados em açougues, como traquéia, pulmão, rim, estômago, e tripas. "Aqui a gente encontra qualquer parte do animal. Tem, por exemplo, todos os ingredientes do sarapatel – como fígado, coração e língua – já cortados em pedacinhos e temperados com cominho e cravo", conta Tereza.

O passeio pela feira termina na banca de Ivete, onde Tereza tem o costume de comprar a massa de feijão fradinho para usar no preparo de acarajé e de abará – cujo preparo é feito na água ao invés de no óleo de dendê. Tereza explica que "é o braço do marido da baiana que define se o acarajé é bom porque é preciso aerar bem a massa". Outro diferencial é que a banca que vende o feijão fradinho moído deve ter muito movimento para que não dê tempo de haver fermentação. O passeio com Tereza pela Feira de São Joaquim revela que não há como ir embora sem se impressionar com tamanha diversidade gastronômica e cultural.

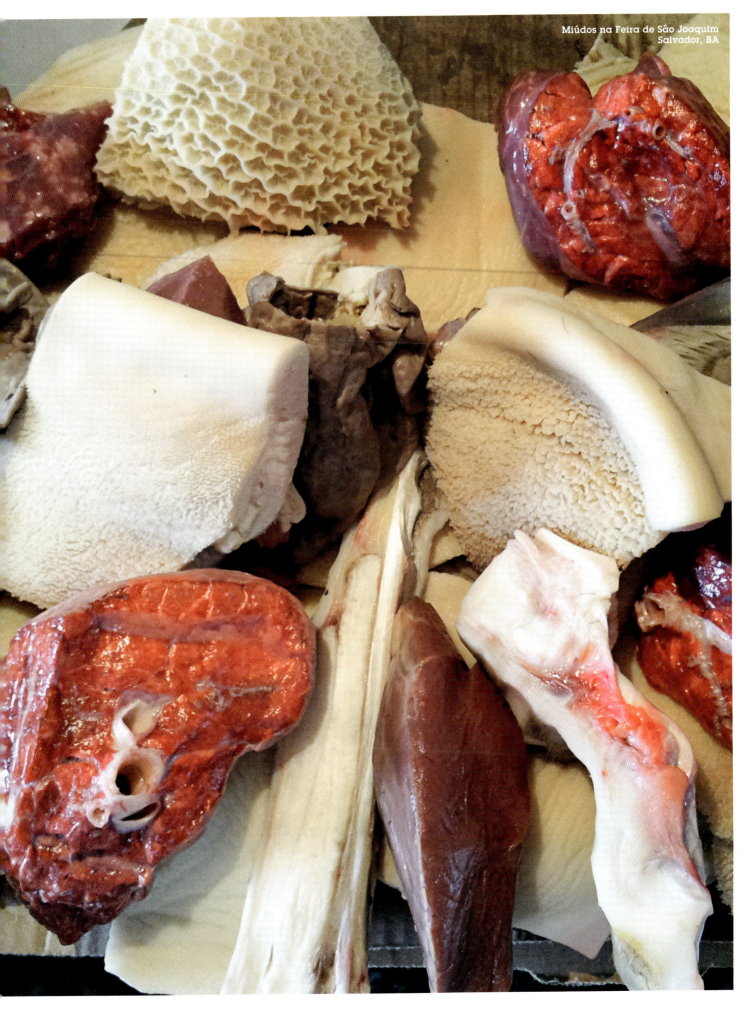

Miúdos na Feira de São Joaquim
Salvador, BA

211

Mangaba

Setor de carnes e miúdos

Garrafas de dendê na Feira de São Joaquim
Salvador, BA

Tereza Paim é *chef*-proprietária do restaurante Casa de Tereza. Ela dedica seu trabalho à valorização da cultura baiana através da utilização de ingredientes locais combinados com técnicas apuradas.

BOBÓ DE CAMARÃO

ingredientes

2 kg de camarão médio ou grande com cabeça e casacas (guardar as cabeças e as casacas para o caldo. Manter o camarão na geladeira para não perder a textura)

1 cebola média picadinha

2 tomates picadinhos

1 maço de coentro médio (picar metade e deixar metade inteiro para decorar)

1/2 maço de cebolinha médio picado

2 dentes de alho picado

50 g de pimentão amarelo picado

50 g de pimentão vermelho picado

1 kg de mandioca fresca

2 pimentas-dedo-de-moça com os talos

2 pimentas doces

sal a gosto

3 pimentas doces picadinhas

400 ml de leite de coco / 50 ml de dendê

MODO DE PREPARO

Caldo: Leve ao fogo as cabeças e casacas dos camarões com todos os temperos, mais uma pimenta-dedo-de-moça inteira com os talos e 2 pimentas doces picadinhas. Cozinhe até reduzir à metade. Retire a pimenta-dedo-de-moça. Bata rapidamente tudo no liquidificador, em modo pulsar, 5 vezes. Coe em peneira fina e reserve.

Bobó: Cozinhe o aipim em água com sal. Depois de cozido, passar o aipim no processador com o leite de coco e o caldo, aos poucos, até obter uma massa lisa e homogênea.

Leve novamente ao fogo a massa de aipim. Junte o dendê e mexa vigorosamente. Quando levantar fervura, inclua os camarões temperados com sal e pimenta doce picadinha. Cozinhe-os rapidamente. Sirva com coentro fresco e pimenta-dedo-de-moça inteira.

217

Suco de manga com coco do restaurante Paraíso Tropical

Beto Pimentel é *chef* do restaurante Paraíso Tropical. Em suas receitas, ele utiliza as frutas do quintal anexo ao restaurante, assim como seu conhecimento de agrônomo e químico alimentar no preparo dos pratos de seu cardápio.

MOQUECA DO BETO

ingredientes

150 g de camarão
150 g de siri mole
150 g de siri catado
30 g de maturi
20 g de coco verde
300 ml de leite de coco
1 colher (chá) de folhas de tangerina, coentro e capim-santo picadas
1 pitada de noz-moscada
1 colher (café) de gengibre amassado
1 colher (café) de alho amassado
1 colher (chá) de camarão seco e moído
15 ml de sumo do limão
10 g de castanha de caju moída
1 colher (chá) de urucum
1 colher (sopa) de cebola picada
1 colher (sopa) de salsinha picada
1 colher (sopa) de cebolinha picada
1 colher (sopa) de tomate picado
1 colher (chá) de azeite de oliva
1 colher (chá) de dendê

MODO DE PREPARO

Coloque todos os ingredientes numa panela de barro e leve ao fogo por 15 minutos. Após esse tempo decorar com: 5 frutos do dendê / 100 g de lâmina de coco verde / 2 folhas de vinagreira / 6 frutos de vinagreira / 2 biri-biris fatiados / 6 pimentas-biquinho/ 6 amoras / 4 rodelas de tomate grelhados / 3 rodelas de pimentão amarelo grelhado / 15 ml de suco de tangerina. Desligue o fogo e acrescente um fio de azeite de oliva e outro de dendê.

Serviço

FAZENDA LEOLINDA (O cacau de Uruçuca)
Tel.: (73) 9981-2121
Uruçuca – BA
www.joaotavares.com

FAZENDA SERTÃOZINHO (A capital do bode)
Tel.: (87) 9602-4636
Distrito de Itamotinga
Juazeiro – BA

VINÍCOLA OURO VERDE (Vinhos do Vale do São Francisco)
BR 235, km 40 – Santana do Sobrado
Tel.: (74) 3536-3972/3536-1132/3527-4193
Casa Nova – BA
www.miolo.com.br

MARIA DO SOCORRO (A cata do aratu)
Povoado de Coqueiro
Tel.: (79) 9850-5509
Distrito de Jandaíra – Mangue Seco – BA

RESTAURANTE PARAÍSO TROPICAL (*Chef* Beto Pimentel)
Rua Edgar Loureiro, 98-B
Tel.: (71) 3384-7464
Salvador – BA
www.restauranteparaisotropical.com.br

EDÍLSON SANTANA (Farinha de Copioba)
Fazenda Mocambo
Tel.: (75) 8136-1265
Nazaré – BA

GIL DOS SANTOS (Dendê do Gil)
Zona Rural de Praia do Forte
Tel.: (71) 9601-8299
Mata de São João – BA

ACARAJÉ DA CIRA
Largo do Itapuã
Tel.: (71) 3249-4170
Salvador – BA

FEIRA DE SÃO JOAQUIM
Avenida Oscar Pontes,
Enseada São Joaquim
Tel.: (71) 3312-6722
Salvador – BA

CASA DE TEREZA (*Chef* Tereza Paim)
Rua Dr. Odilon Santos, 45
Tel.: (71) 3329-3016
Salvador – BA
www.casadetereza.com.br

225

Jacaré, piranha e pacu

Marcamos de reunir a equipe no aeroporto de Confins. O cinegrafista Felipe viajava pela primeira vez na expedição. Horas mais tarde, já em Cuiabá e sob forte calor, brindamos o início da viagem provando o Ensopado Cuiabano do Choppão – um caldo feito com frango desfiado, mandioca e ovo que muitos afirmam ser um dos símbolos da culinária local. Outros defendem ser a mojica de pintado, o bolinho de arroz, e o doce furrundu. Na segunda-feira, jornalistas de Rio e São Paulo se uniram à equipe para nos acompanhar durante quatro dias. No Mercado do Porto nos encontramos com a *chef* Ariani Malouf, do restaurante Mahalo. Ela nos apresentou peixes da região, como pacu, matrinxã e piraputanga.

Ao cair da tarde de uma terça-feira, o motorista Marcelo nos conduziu até Cáceres, a 214 km de Cuiabá. No dia seguinte, encontramos com Reis, campeão de pesca esportiva do estado, e sua esposa Elzi. Com o casal, seguimos pelo Rio Paraguai para pescar piranhas. Mas, ao contrário do que prevíamos, foi Elzi quem capturou o maior número de peixes: doze piranhas contra apenas duas de Reis. É claro que a gozação foi grande. Na hora do almoço e já no rancho do casal, provamos caldo e – acredite – sashimi de piranha. À noite fomos ao restaurante flutuante Kaskata para provar outra especialidade pantaneira: cauda de jacaré grelhada.

No último dia de viagem, visitamos o maior criatório de jacarés do Brasil. Na Coocrijapan, Wéber (que nem de longe se parecia com o personagem do filme *Crocodilo Dundee*) nos guiou por baias com milhares de jacarés. O cinegrafista Felipe teve até coragem de entrar em uma delas. Pelo jeito, o novato queria mostrar serviço.

Rodovia Transpantaneira

Rio Paraguai
Cáceres, MT

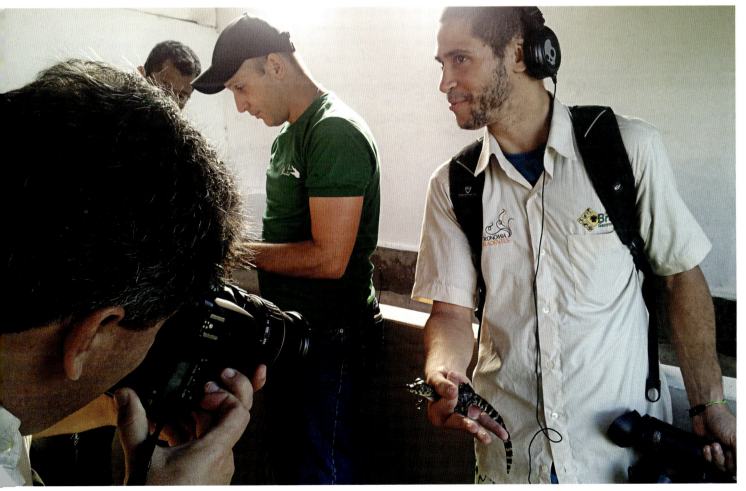

BIOMAS & TERROIRS
MATO GROSSO

PESCA DE PIRANHA

Reis é pescador profissional e campeão de vários torneios de pesca esportiva no Mato Grosso. Nascido e criado em Cáceres, ele diz conhecer quase todas as espécies de peixes do Pantanal e dos rios da bacia mato-grossense. Dentre os quais, a piranha. "Quem mora aqui sabe desde pequeno que a piranha é um peixe veloz e perigoso", alerta. Para pescá-la, primeiro é preciso capturar sua isca. Reis joga a rede no rio e em minutos a retira cheia de pequenos peixes. "Como isca a gente usa o sairú, o piau e o lambari." O pescador fatia os peixes em três ou quatro pedaços e os coloca no anzol. "A parte rasa do rio é melhor para pescar piranha", explica, jogando a isca na água. Pouco tempo depois, ele apanha sua primeira piranha do dia. Com muito cuidado, retira o peixe do anzol segurando-o pela guelra e colocando-o em um viveiro.

No rancho que possui às margens do Rio Paraguai, Reis dá início à limpeza das piranhas capturadas. "É só cortar a barriga, tiras as vísceras e lavar." O peixe será utilizado no preparo de um dos pratos mais tradicionais da região pantaneira: o caldo de piranha. Dona Elzi, esposa de Reis, é a encarregada de fazer o caldo. "Primeiro tem que lavar os peixes em água corrente. Depois é só colocar na panela e cozinhar." Ela segue o preparo separando a carne de espinhas e pele. Em outra panela, a cozinheira refoga cebola, alho, pimenta de cheiro e pimentão antes de juntar molho de tomate, um bocado de água e cheiro verde. Por fim, adiciona a carne da piranha e mistura. Minutos depois diz estar pronto. "É uma delícia. A piranha não deixa cheiro forte no caldo. E mesmo com o calor a gente toma o caldo desde criancinha."

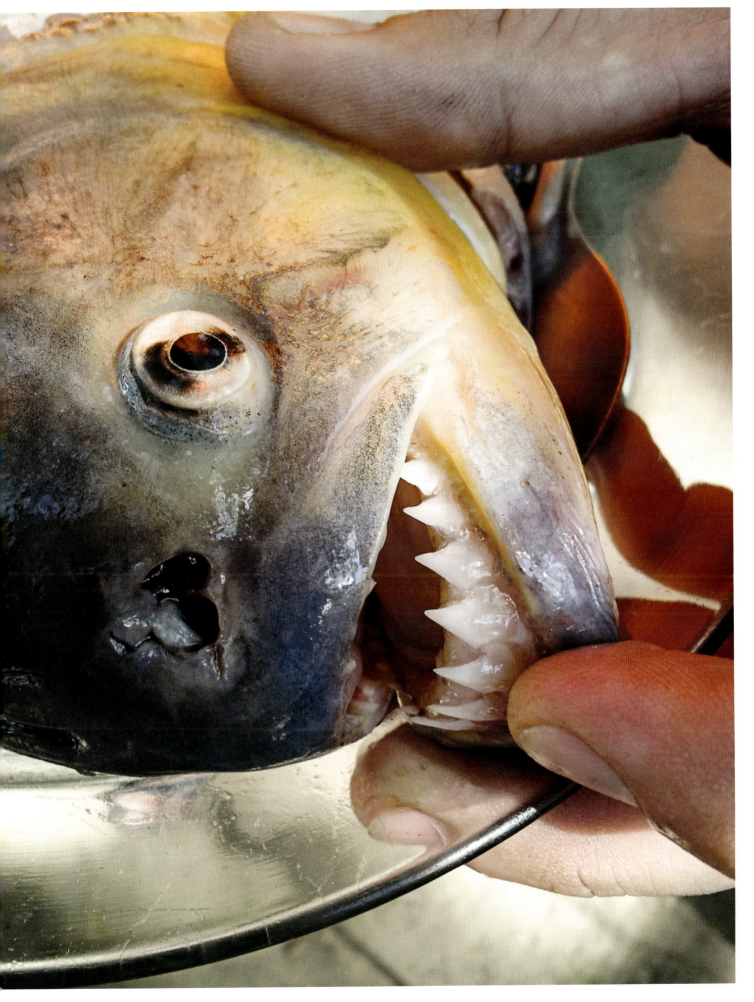

Pescador Reis

Caldo de piranha

238

Filhotes de jacaré na Coocrijapan
Cáceres, MT

PRODUTOS & PRODUTORES
MATO GROSSO

CARNE DE JACARÉ

Weber Girardi diz ter provado jacaré pela primeira vez quando criança. "É uma carne macia e saborosa", descreve. O que ele jamais imaginava nos primeiros anos de vida é que se tornaria um dos principais divulgadores brasileiros do sabor deste animal que simboliza o Pantanal.

A Coocrijapan – Cooperativa dos Criadores de Jacaré do Pantanal –, localizada em Cáceres, é o primeiro criatório comercial de jacarés do Brasil. Dentro de uma baia de filhotes, Wéber explica que a cooperativa gera renda para a população pantaneira e colabora para a preservação da espécie respeitando o controle ambiental feito pelo IBAMA. "Aqui nós fazemos a parte de recria e engorda de animais. Os filhotes ficam nesta baia por até seis meses antes de serem levados para a área externa." Sobre o manuseio, o criador diz que "o jacaré do pantanal, o *Caiman yacare*, é uma das espécies mais dóceis que existem. Porém, na falta de alimentação, a lei da sobrevivência é comer o mais fraco".

Nas baias externas, os jacarés permanecem até alcançarem seis quilos, o que leva geralmente dois anos. Segue-se o abate em frigorífico próprio. O biólogo Robison de Lara diz que ali é feito a desossa completa do animal. "No rio, os ribeirinhos cortam o rabo e jogam o resto fora. Aqui, cortamos e embalamos diversos cortes como o filé de cauda, o filé de lombo, o filé do dorso, as coxas, o filé *mignon*, e a ponta de cauda. Por possuir o certificado do Serviço de Inspeção Federal – S.I.F. – do Ministério da Agricultura, o frigorífico pode comercializar a carne de jacaré para todo o país.

245

247

Frigorífico da Coocrijapan
Cáceres, MT

TRADIÇÕES REGIONAIS
MATO GROSSO

Piraputanga grelhada

RODÍZIO CUIABANO

Em Cuiabá as peixarias não são os locais que vendem peixes e sim os restaurantes especializados em peixes. Nesses estabelecimentos, moradores da cidade e turistas se misturam para provar o tradicional rodízio cuiabano.
A peixaria Cacalo foi fundada em 1983 no bairro Santa Rosa. O rodízio servido na casa é ideal para quem quer provar vários peixes da região. Pra começar é servida uma cumbuca com caldo de piranha e uma travessa com iscas empanadas de pintado. Em seguida, o garçom coloca à mesa os acompanhamentos: farofa de banana, banana frita, e pirão. De prato principal, há *ventrechas* (costelas) fritas de pacu, matrinxã feito na brasa, piraputanga assada com recheio de cebola na manteiga, pacu com farofa de couve, e mojica de pintado. Esse é um prato símbolo da cozinha mato-grossense e consiste em um ensopado de peixe com mandioca.

Cacalo Peixaria
Cuiabá, MT

FEIRAS & MERCADOS
MATO GROSSO

Mercado do Porto
Cuiabá, MT

NO MERCADO DO PORTO
com Ariani Malouf

O Mercado do Porto de Cuiabá existe em seu atual endereço, na área conhecida como Campo do Bode, desde 1995. O local é o principal ponto de visita àqueles que querem conhecer os ingredientes da culinária mato-grossense. Em seus boxes há feirantes vendendo farinhas de diferentes regiões do estado, queijos com tempos variados de cura, doces caseiros de frutas e peixes. Muitos peixes. Ariani Malouf, *chef* do restaurante Mahalo, diz que "muitas pessoas ainda vêm ao mercado para fazer as compras do dia a dia. Pois aqui encontram verduras vindas diretamente dos produtores". Em uma banca de farinhas, ela conta que adora a que é feita na cidade de Rondonópolis. "É de comer de joelhos. Bem crocante e flocada." Mais adiante, a *chef* apresenta o furrundu. "Isso é algo que só tem aqui. É um doce de mamão verde com rapadura."
Grande parte do mercado é dedicada à venda de peixes do Pantanal e de rios da bacia mato-grossense. "O povo cuiabano come peixe duas ou três vezes por semana", diz Ariani. "Os mais comuns são o pacu, o pintado, a matrinxã, e a piraputanga. Quem vem de fora muitas vezes acha o sabor do pacu um pouco forte. O pintado não. É um peixe suave e de textura maravilhosa." Ela diz que muitos cozinheiros gostam de acompanhar os peixes com mandioca, banana e farinha. Ou então recheá-los com cebola na manteiga ou farofa de couve. Em relação ao tempero, é simples: "Basta cheiro verde, sal e limão".

Piché

Ariani Malouf

Banca com piraputangas no Mercado do Porto
Cuiabá, MT

259

Ariani Malouf é *chef* do restaurante Mahalo Cozinha Criativa. Com o apoio da família, estudou culinária em Paris e se especializou na *École de Cuisine Le Cordon Bleu*.

MOQUECA DE PINTADO
COM MANDIOQUINHA

ingredientes

Cebola
Dendê
Pimentão vermelho picado
Tomate picado
Pimenta-de-cheiro
Pimenta-dedo-de-moça
Leite de coco
Açafrão-da-terra
Salsinha
Sal
Alho
Camarões
Filé de pintado
Manteiga de ervas (manteiga, raspas de limão, tomilho, salsinha e coentro)
Flocos de tapioca
Mandioquinha
Cebola roxa picadinha
Sal a gosto

MODO DE PREPARO

Doure a cebola com azeite de dendê. Colocar o pimentão e tomates. Temperar com as pimentas e acrescentar o leite de coco. Em seguida, juntar o açafrão e a salsinha. Checar o sal. Cozinhar por três minutos, mexendo. Em outra panela, doure o alho em azeite. Juntar o camarão. Refogar. Juntá-lo ao molho de moqueca. Reservar. Grelhar o pintado em frigideira. Pincelar a manteiga de ervas e levar ao forno por 15 minutos, a 200° C. Depois acrescentar os flocos de tapioca e deixar mais 5 minutos no forno. Passar a mandioquinha no mandolin (fatias grossas). Colocá-las por quatro minutos em água fervente. Dourar cebola roxa em manteiga de ervas. Acrescentar as rodelas de mandioquinha. Cozinhar. Em um prato, colocar a mandioquinha no centro e o pintado em cima. Em volta, regar com o molho de moqueca e camarões.

261

Serviço

GILMAR REIS (Pesca da piranha)
Barra do Sepotuba (Rio Paraguai)
Tel.: (65) 9614-3057
Cáceres – MT

COOCRIJAPAN (Carne de jacaré)
Av. Tannery, s/n, Quadra 2, Lote 1 – Distrito Industrial
Tel.: (65) 3224-1100/3224-2222
Cáceres – MT
www.coocrijapan.com.br

CACALO PEIXARIA (Rodízio cuiabano)
Av. José Rodrigues do Prado, 203, Santa Rosa
Tel.: (65) 3626-1778
Cuiabá – MT
www.cacalopeixaria.com.br

MERCADO DO PORTO
Avenida Oito de Abril, Porto
Tel.: (65) 3313-3332
Cuiabá – MT
www.mercadodoportocuiaba.com.br

MAHALO (*Chef* Ariani Malouf)
Rua Pres. Castelo Branco, 259
Tel.: (65) 3028-7700
Cuiabá – MT
www.mahalocozinhacriativa.com.br

Muito além do churrasco

Chegamos ao Aeroporto Salgado Filho numa sexta-feira fria e chuvosa. O motorista Caverna, que nos esperava, tinha viajado sozinho na van da expedição desde Belo Horizonte para nos encontrar. Logo que o vimos alertamos que ele certamente engordaria nas duas próximas semanas. Apaixonado por carnes, Caverna riu e disse que isso não seria problema.
O fim de semana em Porto Alegre coincidiu com as manifestações de junho que eclodiram por todo Brasil. Se durante o dia cumpríamos o planejamento de gravações, à noite ficávamos no hotel acompanhando os noticiários. Na capital, estivemos no Mercado Público com a *chef* Carla Tellini e aprendemos como fazer um churrasco na vala e a preparar um chimarrão. Em Osório, visitamos um frigorífico de cordeiros ao lado do *chef* Marcelo Schambeck. Após subir a Serra Gaúcha, fomos a um laticínio que usa o leite de ovelha, almoçamos sopa de *capeletti* e polenta brustolada na casa de uma descendente de italianos e vimos como servir um espumante de maneira correta.
Em São José dos Ausentes, município que costuma registrar as temperaturas mais baixas do estado, acompanhamos a preparação do doce de gila, uma herança portuguesa. Já em Nova Petrópolis, provamos o melhor café colonial do país no Opa's Kaffehaus. Em Pelotas, nossa última refeição: uma espetacular *parrillada* no restaurante El Paesano. Brindamos o término da viagem e o privilégio de ter conhecido parte das riquezas brasileiras.

Dia com neblina em Bento Gonçalves, RS

Brique da Redenção
Porto Alegre, RS

Diogo Carvalho, Rusty Marcellini e Rafael Mantesso "tocando gaitinha"

Distrito de Silveira
São José dos Ausentes, RS

Pampas no caminho para Pelotas

271

Gravação com Mônica Rossetti

Vale dos Vinhedos
Bento Gonçalves, RS

QUEIJO ARTESANAL SERRANO

Na região do Rio Grande do Sul conhecida como Campos de Cima da Serra, no norte do estado, é produzido o queijo artesanal serrano, feito com leite cru. João Carlos Luz, técnico da Empresa de Assistência Técnica e Extensão Rural (EMATER) e especialista em queijos artesanais, conta que existem muitas queijarias nos arredores de cidades como Vacaria, Bom Jesus e São José dos Ausentes. "Essa região de planalto possui altitudes superiores a mil metros, e foi povoada por sesmeiros que amansaram o gado solto trazido pelos jesuítas dos Setes Povos das Missões." João explica as diferenças entre o queijo colonial – mais fácil de ser encontrado nos mercados _ e o serrano: "o colonial é produzido em várias regiões do estado e com leite de raças leiteiras, como a holandesa e a jersey, criadas em pastagens cultivadas. O serrano é feito somente na região dos Campos de Cima da Serra, com leite de vacas de raças de corte que vivem soltas e se alimentam de pasto nativo".

A Fazenda Capão do Tigre, em Bom Jesus, é uma das queijarias em Bom Jesus que mantêm viva a tradição centenária de produção do queijo serrano. Junior, técnico da EMATER que dá assistência a produtores da região, explica que até pouco tempo o queijo serrano, por ser feito com leite cru, estava proibido de circular dentro do estado. "A mudança ocorreu em 2010, quando uma portaria foi aprovada, reconhecendo sua identidade", diz. Junior descreve as diferenças dos queijos colonial e serrano: "o serrano é firme por fora e possui massa macia e cremosa. Já o colonial é um pouco mais seco".

275

João da Luz

Orlando Junior

LÍDIO CARRARO

A Lídio Carraro é uma vinícola familiar localizada no Vale dos Vinhedos, em Bento Gonçalves. O patriarca que dá nome ao vinho é descendente de imigrantes italianos que vieram da região do Vêneto, em 1875.

Mônica Rosetti é a enóloga responsável pela vinícola. Ela explica que a empresa tem um conceito purista de produzir o vinho com a mínima interferência possível – sem a adição de açúcar na fermentação ou o envelhecimento em madeira. "Nós fizemos a escolha de ter o vinho ligado ao território. De ser um produto da natureza. Com isso, ele terá uma característica única." O local onde estão os parrerais da família favorecem o crescimento da uva. "É um dos lugares mais altos do Vale dos Vinhedos, com alta exposição ao sol, ambiente seco e ventilado." Mônica conclui que existem diversas escolas de enologia no mundo. Enquanto algumas buscam mais a parte técnica da transformação da uva em vinho, outras preferem dar valor à importância do território na originalidade do vinho. "A nossa vinícola busca expressar a qualidade e o potencial da uva em seu território", resume.

Mônica Rossetti

ESPUMANTES DA SERRA GAÚCHA

A região de Bento Gonçalves e Garibaldi, na Serra Gaúcha, possui condições climáticas ideais para o preparo de espumantes. Daniel Geisse, da vínicola Cave Geisse, explica que é necessário uma situação ímpar para que a bebida tenha qualidade. "A uva, ao ser colhida, precisa manter o nível de acidez elevado e ter baixo teor de açúcar. Isso é algo raro de conseguir em qualquer região vitícola do mundo. Mas aqui acontece."

CAVE GEISSE

A Cave Geisse foi fundada nos anos 1970 por Mario Geisse, pai de Daniel, e está no distrito de Pinto Bandeira, em Bento Gonçalves. "O clima chuvoso dessa região permite o desenvolvimento adequado das uvas Pinot Noir e Chardonnay, variedades que servem de base para a *Champagne*, na França", explica Daniel. Outras características favoráveis são a baixa insolação e as noites de temperatura amena durante a maturação das uvas. "De um modo geral, somente 5% de toda área vitícola do mundo tem condições para elaborar espumantes de alta qualidade. Seria um desperdício não utilizarmos esse privilégio que existe aqui", conclui Daniel.

ADOLFO LONA

Adolfo Lona é proprietário de empresa homônima, localizada em Garibaldi. "O espumante é um vinho que sofre uma segunda fermentação, na qual se incorporou gás carbônico através de fermentação alcoólica", explica. O enólogo produz e engarrafa espumantes feitos tanto pelo método *champenoise* (ou tradicional) quanto pelo método *charmat*. No primeiro, a fermentação acontece na própria garrafa. No segundo, em tanques de aço inox. "São estilos diferentes. Enquanto o espumante *charmat* é mais fresco, mais jovem; o *champenoise* é mais maturado, mais complexo", ensina Lona.

Adolfo Lona

Daniel Geisse

PRODUTOS &
RIO GRANDE
DO SUL
PRODUTORES

Ordenha na Casa da Ovelha
Bento Gonçalves, RS

SUCO DE UVA

A família de Décio Tasca possui parreirais desde a chegada do avô da Itália à região do Vale do Rio das Antas, em 1882. "O meu avô era quem fazia o vinho. E a minha avó, o suco de uva." Décio conta que, até pouco tempo, o vinho consumido por todos na região era de menor qualidade. "Era vinho de mesa mesmo. Desses que a gente bebia todo dia, feito com uvas comuns." De um tempo para cá, sua família desistiu de fazer o vinho caseiro para se dedicar exclusivamente à produção de suco de uvas.

Todos os sucos são produzidos artesanalmente, sem conservantes e com uvas orgânicas das variedades concord e bordô. "Dependendo da safra, fazemos também o suco rosê e o branco com outras variedades de uvas", explica Décio. Ele diz que desde criança sempre tomou suco de uva. "Os nossos pais falavam que fazia bem pra gente." Décio explica que estudos mostram que o suco de uvas orgânicas é antioxidante e reduz o risco de doenças cardiovasculares e a formação de células cancerígenas.

A safra da uva acontece entre janeiro e março. "Um dos segredos para fazer um suco de qualidade é colher a uva quando estiver bem madura. A *nonna* tirava as uvas dos engaços e colocava dentro das panelas com muito cuidado, sem amassar nada", conta Décio. O preparo do suco segue com o cozimento das uvas em temperatura de 80°C por tempo controlado. Depois acontece o engarrafamento em garrafas de vidro com o suco ainda quente. Décio resume que "não tem muito segredo: se a uva é boa, o suco é bom".

Décio Tasca

CASA DA OVELHA

O Roteiro Caminhos de Pedra, em Bento Gonçalves, tem o objetivo de preservar e divulgar a cultura dos imigrantes italianos que chegaram à região no final do século 19. Em antigas construções de pedra ou de madeira, há mais de 15 pontos de visitação como, por exemplo, a Casa da Ovelha, cujo prédio principal foi construído em 1917. Já a empresa foi fundada em 1998 quando um antigo sócio trouxe ovelhas da França com o objetivo de beneficiamento de leite. Atualmente, o laticínio produz iogurtes, queijos pecorino e feta, doce de leite e ambrosia: tudo feito com leite de ovelha.

Tárcio, sócio da empresa, explica que os benefícios são muitos: "Primeiro, o leite pode ser consumido por pessoas intolerantes à lactose. O teor de cálcio e de proteína são superiores em relação ao leite de vaca. Por fim, a gordura é mais facilmente digerida, pois seus glóbulos são menores." Ele revela que a Casa da Ovelha, apesar de ser uma pequena empresa, demanda grande complexidade de gestão. "Aqui exercemos a agricultura, pois temos as pastagens para as ovelhas; a pecuária, que é o cuidado com o próprio animal e a extração do leite; a indústria, que é o beneficiamento desse leite; e, como estamos em um roteiro turístico, também somos uma loja de varejo." Por conseguir mostrar toda a cadeia produtiva, a loja consegue que a maioria dos visitantes saia dali como cliente.

Tárcio Michelon

TANOARIA MESACAZA

A pequena Monte Belo do Sul está na região do Vale dos Vinhedos, na Serra Gaúcha. O município, emancipado em 1992, foi colonizado por imigrantes vindos de cidades do norte da Itália, como Módena, Cremona e Treviso. Sua população de menos de 3 mil habitantes inclui um profissional que vem se tornando raro: o tanoeiro. Eugênio Mesacaza explica que o tanoeiro é a pessoa que fabrica barris. Se décadas atrás havia várias tanoarias na região, "hoje as contamos na ponta dos dedos", diz Eugênio. Ele revela que aprendeu o ofício aos 15 anos com o pai. "Eu comecei a ajudá-lo e tomei gosto. Naquela época, tudo era ainda mais artesanal. Tudo era feito na mão mesmo. Para se fazer um barril de 500 L, levava uma semana. Hoje se faz em meio dia de trabalho."

Eugênio diz que atualmente muitas vinícolas maturam o vinho em tanques de inox. "Ou, no máximo, em barris de carvalho americano ou francês. Antigamente eram usados outros tipos de madeira, como o pinho de araucária e a grapia." Ele conta que o carvalho francês é mais nobre do que o americano por ter taninos mais leves. "Mas se a tosta do barril for mal feita, mesmo o carvalho francês pode prejudicar o sabor e o aroma do vinho."

293

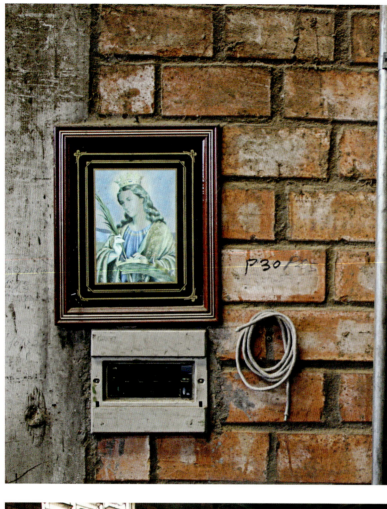

Eugênio Mesacaza acompanha a produção da barrica
Monte Belo do Sul, RS

CORDEIRO DA LAGOA

O *chef* Marcelo Schambeck, do restaurante Del Barbieri, em Porto Alegre, conta que "o cordeiro sempre foi muito consumido pelos gaúchos nas campanhas, quando o animal era preparado inteiro em dias de festa". Marcelo diz que a chegada de diferentes cortes de cordeiro – como o carré, o lombo e a paleta – aos restaurantes mais sofisticados é algo recente.

José Rivaldo é quem fornece cordeiro para Marcelo. Ele é proprietário do frigorífico Cordeiro da Lagoa, localizado em Osório, próximo ao litoral gaúcho. "No momento estamos pensando em ter um selo de qualidade para o nosso cordeiro, pois esta região se assemelha à Bretanha, na França. Ambas são regiões planas e próximas do mar, o que favorece a criação de um cordeiro salinizado de carne macia e saborosíssima." Ao lado do funcionário Fernando, responsável pela desossa do cordeiro, José Rivaldo diz que "antigamente, a gente fazia uma chacina com a carcaça do animal. Simplesmente cortava de qualquer maneira. Hoje, de uma carcaça, podemos fazer vários cortes e agregar valor".

Marcelo observa Fernando destrinchar o cordeiro e diz: "uma das manias do gaúcho tradicionalista é comer o cordeiro sempre bem passado. Isso porque ele foi acostumado a assar o animal por horas e horas. Mas tem cortes que pedem um ponto mal passado, como o lombo". Para o *chef*, uma das maneiras de surpreender o cliente em seu restaurante é mostrar que o cordeiro é bem mais saboroso quando preparado no ponto que pede determinado corte.

Marcelo Schambeck e José Rivaldo

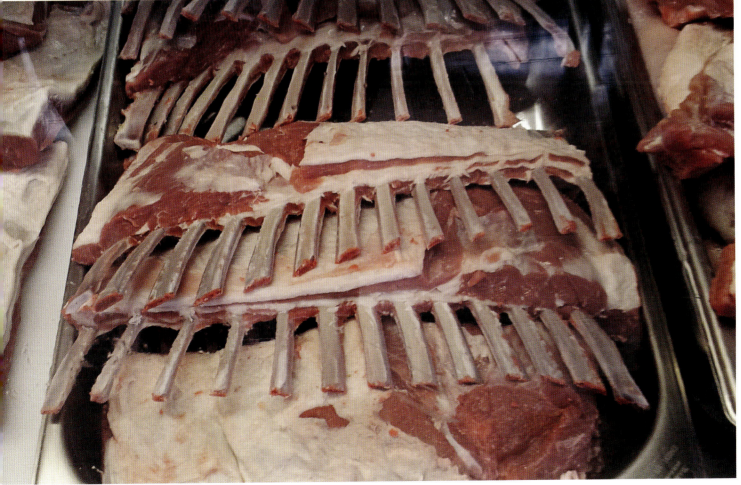

TRADIÇÕES RIO GRANDE DO SUL REGIONAIS

AULA DE CHIMARRÃO

Quando foi eleita Primeira Prenda em Venâncio Aires, capital do chimarrão, Liliane Pappen desenvolveu um projeto nas escolas da cidade para ensinar o preparo do chimarrão. "Eu percebi que se não houvesse um estímulo para as crianças, talvez a próxima geração não tomasse mais chimarrão."

No Mercado Público ainda é possível comprar a erva-mate à granel. "Algumas pessoas mantêm a cultura de olhar a erva antes de comprá-la. Eu gosto dela bem verdinha, bem vistosa. E quanto mais nova, melhor." Liliane diz que é permitido empacotar a erva com 70% de folhas e 30% de palitos – galhos do arbusto da erva-mate com espessura máxima de um lápis. Entre as opções encontradas no mercado há a pura folha, com moagem grossa e sem palito; a tradicional, com moagem fina, e a suave, com adição de 3% de açúcar.

No Brique da Redenção – ou Parcão – é comum ver os gaúchos tomando chimarrão nos finais de semana. Lá, Liliane explica uma técnica fácil e rápida do preparo da bebida. "Se chama Chimarrão de Onze Segundos. Tu começas pondo uma colher de erva-mate no fundo da cuia". Coloca-se, então, a água quente até a altura do pescoço da cuia, cobre-se a abertura com a erva e abre-se um espaço com a ponta da bomba. Por fim, completa-se com a água e insere-se a bomba.

Liliane Pappen

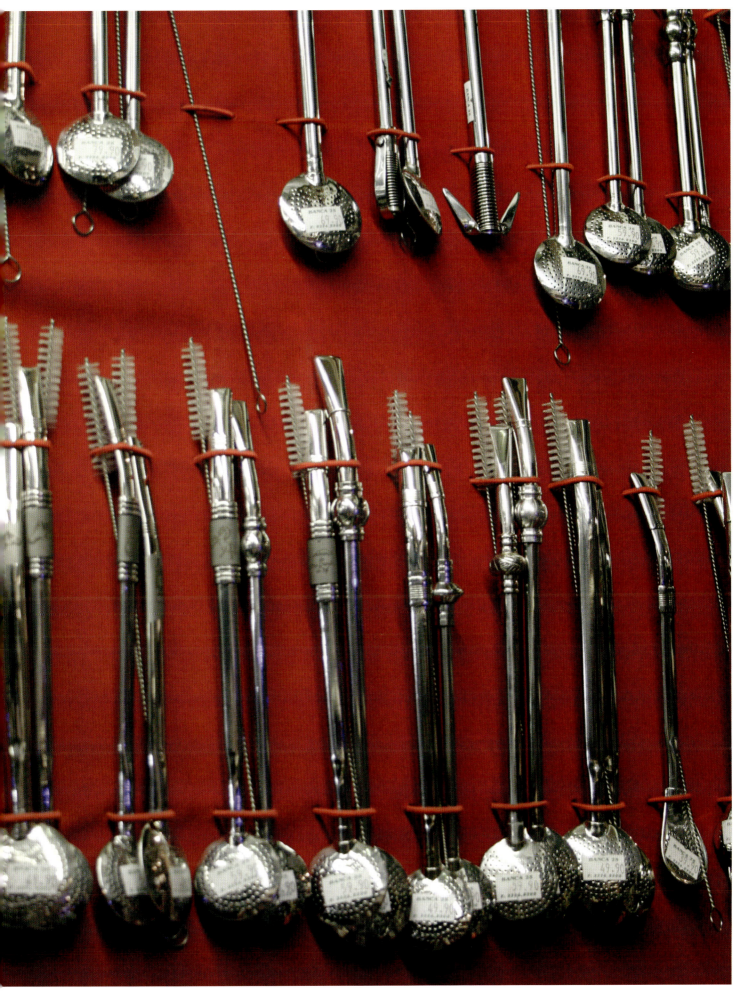

CHURRASCO DE VALA

É difícil acreditar que a Cabanha Costa do Cerro esteja dentro de Porto Alegre. Isso porque o lugar remete aos vastos campos do interior do estado. Localizada no bairro Lami, no extremo sul da cidade, a Cabanha Costa do Cerro pertence ao roteiro turístico Caminhos Rurais. De sua área total de 37 ha, oito são de Mata Atlântica certificada como Reserva Particular do Patrimônio Natural pelo IBAMA.

Nairo Guerisoli, proprietário do local, diz que a Costa do Cerro se dedica à criação, doma e treinamento de cavalos – dentre os quais o da raça crioulo. Foi ele quem convidou Ricardo, amigo e vizinho, para demonstrar como é feito um tradicional churrasco gaúcho de costela em fogo de chão.

Ricardo diz que uma das razões da carne do sul ser tão boa é a raça do gado. "Aqui o gado é europeu. É Angus, Hereford. Gado com carne marmorizada ideal para o churrasco. No resto do Brasil, a raça principal é o zebu, de origem indiana." O assador revela que para fazer uma costela macia e saborosa, o primeiro passo é a escolha do corte. "Não pode ser nem muito gorda, nem muito magra. Em seguida, explica que o longo tempo de cozimento é fundamental. "A gente começa o fogo bem cedo. Muitas vezes antes do sol nascer. Quando a brasa está firme, com calor moderado, é só salgar a carne e colocá-la com o osso virado para baixo". Ricardo diz que o aquecimento do osso favorece o cozimento da carne. "O gostoso de tudo isso é que 'tu passa' horas conversando, curtindo o fogo, tomando um chimarrão. E quando a carne desprender do osso é porque está pronta".

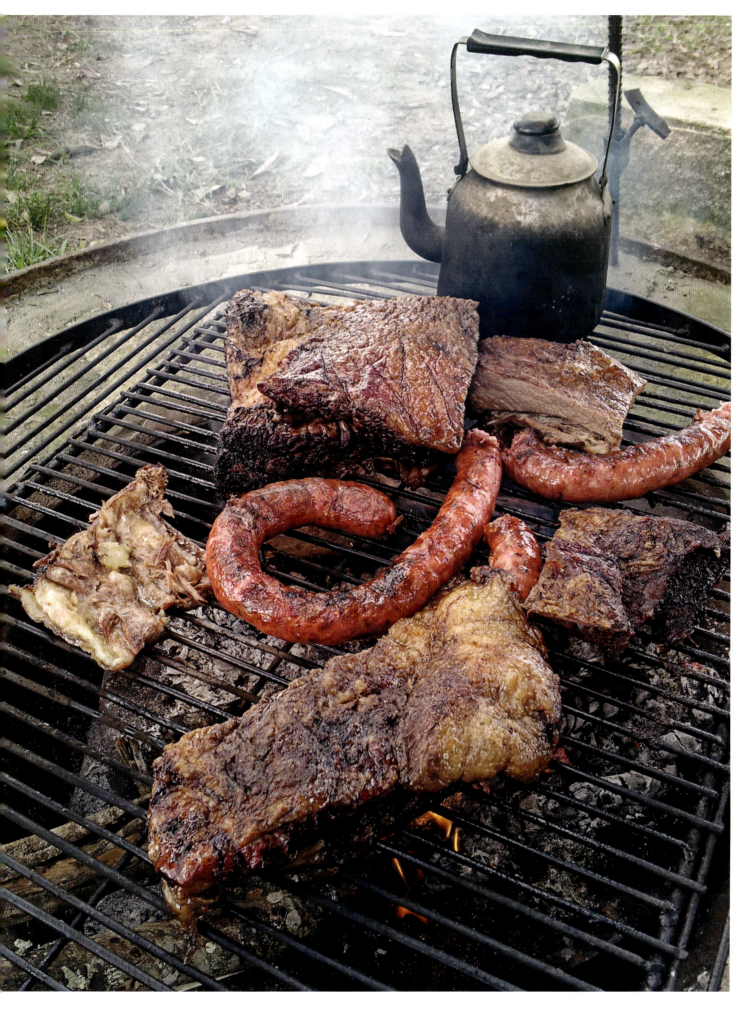
305

Ricardo Fontoura

Nairo Guerisoli

ESPETO CORRIDO

A churrascaria que muitos afirmam ser o local onde surgiu o rodízio de carnes – ou, como dizem os gaúchos, o espeto corrido – está a menos de uma hora de Porto Alegre. Localizada às margens da rodovia RS-239, em Sapiranga, a Churrascaria Matias possui ambiente simples e preços que passam longe daqueles cobrados pelas requintadas churrascarias das capitais brasileiras.

O garçom Paulo trabalhou com o então dono Matias, antes de seu falecimento. Paulo conta que o ex-patrão costumava fazer comida em eventos como casamento e aniversário. "Nas festas de antigamente, era comum servir toda a comida à mesa. Nos anos 60, numa oportunidade em que faltou carne, tiveram de assá-la na hora. A correria obrigou os garçons a cortarem a carne diretamente do espeto para os pratos dos convidados. Todo mundo achou aquilo muito bonito." Paulo revela que, pouco tempo depois, Matias resolveu implementar o sistema usado no evento em seu restaurante.

Um dos clientes da churrascaria é Falcão, assados em um Centro de Tradições Gaúchas (CTG) em Porto Alegre. Ele diz que em um espeto corrido jamais pode faltar costela, vazio (fraldinha), cupim, salsichão (linguiça) e picanha. "Antigamente eram poucas carnes. Sete, oito opções. Foi de alguns anos pra cá que começaram a servir coração, pão de alho, queijo assado." Falcão explica que como acompanhamento basta salada e farinha. "Arroz, fritas, banana: isso a gente come em casa."

Churrascaria Matias
Sapiranga, RS

Garçom Paulo servindo o assador Falcão

311

REFEIÇÕES DOS IMIGRANTES

A Serra Gaúcha tem como atrativo a herança cultural e gastronômica deixada pelos imigrantes europeus. Em cidades como Nova Petrópolis é possível encontrar a influência dos alemães em estabelecimentos que servem refeições como o café e o almoço colonial. Já em Garibaldi, o modo de vida dos descendentes de italianos pode ser vivenciado na casa de uma senhora que prepara comida caseira.

COLINA VERDE

O restaurante Colina Verde, em Nova Petrópolis, serve almoço colonial desde os anos 1980. São os proprietários da casa – dona Marlene, o marido Ido e o filho Luis – que recebem os visitantes. A matriarca explica que a ideia de servir comidas típicas dos imigrantes alemães surgiu em meados dos anos 80 como uma alternativa à mesmice do "arroz, feijão e churrasco". O cardápio foi inspirado nos pratos que são servidos no *kerb* – uma celebração que marca a data de aniversário da igreja em pequenas comunidades alemãs. Na ocasião, as famílias se reúnem e recebem as pessoas com um banquete com o que há de melhor. "Quando éramos crianças, a festa durava três dias. As pessoas moravam longe e vinham à cavalo. De manhã havia o café, a cuca, o pão, a linguiça. No almoço, bolinho de carne, chucrute, assado de porco, massa caseira e batata. Já à tarde era hora de provar as tortas, os bolos, o *strudel*."

Dona Marlene pede à garçonete para dar início ao serviço. À mesa são colocados pãezinhos caseiros, salada de batatas, e sopa de *capeletti*. Segue-se a refeição com bolinhos de aipim, lombo à milanesa, frango assado com maçãs, nhoque recheado, bisteca suína defumada, chucrute, salsichão, joelho de porco, almôndegas, matambre, massa com molho de moelas, purê de batatas, e panqueca de maçã. De sobremesa há tortas, bolos e pudins ou o clássico *apfelstrudel* (torta de maçã com *chantilly*).

Almoço colonial
Nova Petrópolis, RS

Marlene Schwantes

Marlene e Ido

Restaurante Colina Verde
Nova Petrópolis, RS

OSTERIA DELLA COLOMBINA

A Osteria Della Colombina é uma das atrações do roteiro turístico Estrada do Sabor, pertencente a Garibaldi. Os visitantes são recebidos por dona Odete no porão de sua casa. O local possui chão de terra batida e paredes decoradas com antigos utensílios domésticos e agrícolas, peças religiosas e fotografias de família, preservando a cultura dos imigrantes italianos.

É a própria dona Odete quem prepara e serve os pratos que compõem a refeição: sopa de *capeletti*, polenta grelhada com queijo da colônia, salame, pão, salada de *radicci* (almeirão), carne assada, batata-doce, fortaia (omelete) e outros. "Eu aprendi a fazer a comida dos imigrantes italianos, não a comida italiana." A anfitriã observa que seus antepassados não encontraram no Brasil os mesmos ingredientes que usavam na Itália. "Aqui a gente faz uma comida que combina a cultura dos descendentes de italianos com os ingredientes da região."

Um dos pratos símbolos da Osteria é a polenta. "Antigamente, toda refeição tinha polenta e salada de *radicci*. Pois era barato e dava sustança para a vida no campo". Dona Odete ensina que uma polenta de qualidade é feita com farinha de milho que "tem cheiro de milho". E completa que é preciso que a água esteja quase fervendo para colocar a farinha. "Tem que ser colocada de pouco em pouco para não empelotar. Desde criança é assim. Se tivesse alguma bolinha, alguma pelota, era sinal de mal feito, de desleixo. E o pai brigava com a gente." Depois de quase 30 minutos, a polenta possui cor amarelo vivo e textura aveludada e está pronta para ser servida.

Polenta brustolada de dona Odete

Sopa de *capeletti*

Odete Bettu Lazari

OPA'S KAFFEEHAUS

O Opa's Kaffeehaus surgiu em 1986 quando dona Dionéia decidiu transformar a residência desocupada dos sogros em uma casa de café colonial. "Quer alguns queiram, quer alguns não, Nova Petrópolis é o berço do café colonial", diz. "Nos anos 50, existia aqui uma senhora chamada Maria Herkel, dona de um hotel onde, no final da tarde, era servido um café muito caprichado. Com o tempo, as pessoas passaram a vir de Porto Alegre para conhecer o café da dona Maria. A ideia se espalhou e assim nasceu o café colonial." Dona Dionéa conta que visitou dona Maria na Alemanha, para onde ela havia se mudado após fechar o hotel. Na ocasião, perguntou o que não podia faltar em um café colonial. "Ela respondeu: a 'receptividade'."

A garçonete Márcia coloca à mesa diversas iguarias. Tudo é feito na casa, com exceção dos pães e embutidos. O cardápio inclui chá de maçã, leite, café, chimias (geleias) de frutas, mel, manteiga, nata, requeijão, pães, bolos de mel, de coco, de chocolate, tortas de cebola e de frango, cuca, chucrute, linguiça cozida, ovos de codorna, salamitos, morcelas brancas e escuras, copa, queijos diversos, pepinos e cebolas em conservas e queijos. Minutos mais tarde, quando o comensal já pensa ser hora de tirar um cochilo, Márcia se aproxima com um carrinho com tortas doces. "Tem de nozes e damasco, de maçã, de chocolate com cerejas, de chocolate com leite condensado, de morango, e pudim de claras com ameixas pretas. Quais tu aceitas?"

Café colonial
Nova Petrópolis, RS

Dionéia Kolb

O DOCE DE GILA

Dona Nilda vive com o marido Chico em São José dos Ausentes, um dos lugares mais frios do Brasil. O casal é proprietário da Pousada Potreirinhos. Nas refeições, eles servem aos turistas um doce pouco conhecido por quem não é da região: o doce de gila.

A gila é uma abóbora cuja aparência externa lembra a melancia. "Mas é só por fora. Quando tu abres a gila, tu vês que não tem nada a ver com a melancia", ensina Nilda. A gila, ao ter a grossa casca cortada, revela uma polpa branca, fibrosa e com grandes sementes pretas. "É um fruto que sempre deu com facilidade na região. Em qualquer casa que 'tu chegar', 'tu vai encontrar'." A doceira diz que, provavelmente, a gila veio com os portugueses. "Já me contaram que o doce é comum em alguns lugares de Portugal." Ela esclarece que é impossível comer a abóbora *in natura*. "É amarga e pelo que eu sei só se usa para fazer doce."

Para fazer o doce de gila, Nilda e sua funcionária Albertina cortam a polpa em pedaços e retiram as fibras mais grossas. Segue-se o cozimento em água abundante. A gila é, então, escorrida e lavada antes de voltar para a panela, junto com o açúcar. É preciso misturá-los, por fim, durante vários minutos, mexendo sem parar, até chegar ao ponto em que o doce desgruda do fundo da panela.

Pousada Fazenda Potreirinhos
São José dos Ausentes, RS

Nilda Salib

OS DOCES DE PELOTAS

Pelotas é a terceira cidade em tamanho populacional no Rio Grande do Sul. Possui mais de 300 mil habitantes e está localizada a 250 km de Porto Alegre. No século 19, foi a capital econômica do estado devido à produção e à exportação de charque. Atualmente é conhecida como a terra do doce.

As razões que fizeram Pelotas ser conhecida como a cidade dos doces têm origem na colonização açoriana, no excesso de açúcar vindo da região Nordeste como moeda de troca pelo charque, e na presença de uma aristocracia de hábitos europeus. No século 19, pastéis de Santa Clara, papos de anjo e fatias de Braga eram envolvidos em papéis rendados e servidos nos intervalos de saraus em suntuosos casarões.

Hugo Cunha

331

Diversas confeitarias se espalharam pela cidade. Uma delas é a Confeitaria Berola, de propriedade de Hugo da Cunha, descendente de portugueses. "Infelizmente, a cultura de saborear os doces tradicionais – como os ninhos de ovos, os bem-casados, os quindins, as trouxinhas de amêndoas – vem se perdendo. Hoje, a garotada só gosta de doce feito com leite condensado." Hugo explica que o requinte – ou a boa educação – rezava levar um doce para a anfitriã quando em visita a sua casa. "Agora não existe mais nada disso", observa.

Lígia Maria Henriques é membro da Cooperativa de Doceiras de Pelotas e, assim como Hugo, faz questão de manter viva a tradição dos doces de outrora, dentre os quais, as passas de pêssego. "É uma iguaria", declama a doceira. "As passas de pêssegos são feitas somente em uma comunidade perto daqui chamada Morro Vermelho." Lígia explica que para fazer o doce é preciso ter uma fruta de excelente qualidade, colhê-la madura e descaroçá-la. Cada passa necessita de cinco ou seis pêssegos. "Cada um é passado na calda de açúcar e levado para secar ao sol. Pode levar dias até ficar pronto, pois depende do clima. Mas vale a pena esperar cada minuto: as passas de pêssego são um espetáculo", afirma.

Vitrine da Confeitaria Berola
Pelotas, RS

Ligia Henriques

Passas de pêssego

Mercado Público de Porto Alegre

NO MERCADO PÚBLICO
com Carla Tellini

Carla Tellini é *chef* do restaurante Bah e frequentadora do Mercado Público. Ela conta que o mercado existe desde 1869 e é tombado pelo Patrimônio Histórico e Cultural de Porto Alegre. "Comecei a frequentar o mercado com meu avô. Nós vínhamos aqui para comprar manga e ir à Banca 40 comer morangos com nata batida."
Atualmente Carla vai à Banca 26 para comprar charque de ovelha. "É algo que só se encontra aqui e em pequenas quantidades, pois poucos produtores no Rio Grande do Sul ainda o fazem." No açougue Santo Ângelo, ela mostra uma paixão dos gaúchos: a costela-janela. "Por que janela? Porque a costela do boi tem o formato de uma janela." Outro produto achado no mercado é o mondongo – o estômago do boi. "É comum comer o mondongo na serra, em dias frios. Serve-se picadinho com feijão branco, pimenta, ovo e tempero verde por cima."
A *chef* diz que o porto-alegrense vai ao mercado tanto para comprar produtos regionais – como a erva-mate, o queijo da colônia, a cuca de uva, o salame e o pinhão fresco – quanto para encontrar iguarias de outros cantos do país e do exterior. "O mercado não é só o típico de uma cidade; é também onde se concentra o que há de melhor de outros lugares do mundo."

Carla Tellini

Mondongo

Charque de ovelha

Marcelo Shambeck é *chef*-proprietário do Del Barbieri Bistrô. Foi indicado pela revista *Veja – Comer e Beber – Porto Alegre* à categoria de melhor *chef* revelação em 2008 e eleito *chef* do ano em 2012.

STINCO DE CORDEIRO
COM *CAPELETTI*

ingredientes

1 stinco de cordeiro
1 talo de aipo
1/2 cenoura
1/2 alho poró
1/2 maço de tomilho
100 g de capelettti
50 ml de caldo reduzido de cordeiro
5 folhas de espinafre
1 colher (sopa) de maionese de salsa
sal e pimenta-do-reino a gosto

MODO DE PREPARO

Corte a cenoura, o alho poró e o aipo em *brunoise*. Em um saco para vácuo disponha o stinco com os legumes, o tomilho, sal e pimenta. Feche na máquina de vácuo e cozinhe em banho-maria por 8 horas. Cozinhe o *capeletti* em água fervente. Quando o cordeiro estiver pronto, retire do saco e sele na frigideira para dourar. Derreta o caldo de cordeiro e acrescente o *capeletti*. Sirva com o stinco, as folhas de espinafre e a maionese de salsa.

Carla Tellini é sócia-diretora do Grupo Press Gastronomia e, desde 2008, comanda a cozinha do restaurante Bah, especializado na culinária gaúcha.

COSTELA GAÚCHA
COM FAROFA DE ERVA-MATE

ingredientes

COSTELA:
Costela janela com osso (aprox. 3 kg)
Sal grosso
Azeite
Celofane para ir ao forno (ou alumínio)

FAROFA DE ERVA-MATE:
200 g de farinha de mandioca flocada branca
30 g de erva-mate peneirada
60 g de manteiga

MODO DE PREPARO

Abrir o celofane em forma de cruz e colocar a janela sobre. Untar bem a carne com azeite de oliva e cobrir com o sal grosso. Fechar bem, colocar em uma forma alta e levar ao forno por 20 minutos a 200° C. Abaixar a temperatura para 165° C e assar até soltar do osso (aprox. 3 horas). Tirar todo o sal e desossar.

Farofa de erva-mate: Derreter a manteiga em panela ou frigideira de fundo grosso, juntar a farinha de mandioca em fogo muito baixo mexendo sempre ate ficar bem seca e dourada. Tirar do fogo e juntar a erva-mate peneirada. Acertar o sal.

Finalização: Porcionar a costela janela em quatro partes, retirando o excesso de gordura, se necessário. Numa frigideira *teflon* quente, doure as porções nos quatro lados e cuide para que a capa de gordura fique crocante.

347

Serviço

FAZENDA CAPÃO DO TIGRE (Queijo artesanal serrano)
Tel.: (54) 3234-1273/(54) 3237-2903
Bom Jesus – RS

LIDIO CARRARO
Estrada do Vinho, RS-444, km 21 - Vale dos Vinhedos
Tel.: (54) 2105-2555/3459-1222/3459-1225
Bento Gonçalves – RS – www.lidiocarraro.com

ADOLFO LONA (Espumantes da Serra Gaúcha)
Rua Amazonas, 373 – São Francisco
Tel.: (54) 3462-4014/3462-4124
Garibaldi – RS – www.adolfolona.com.br

CAVE GEISSE (Espumantes da Serra Gaúcha)
Linha Jansen – s/n
Tel.: (54) 3455-7461/3455-7463
Distrito de Pinto Bandeira
Bento Gonçalves – RS – www.cavegeisse.com.br

FAMIGLIA TASCA (Suco de uva)
Linha Santo Isidoro – Vale dos Vinhedos
Tel.: (54) 3453-2210
Monte Belo do Sul – RS – www.famigliatasca.com.br

CASA DA OVELHA
Linha Palmeiro, 400
Tel.: (54) 3455-6399
Bento Gonçalves - RS - www.casadaovelha.com.br

TANOARIA MESACAZA
Rua Dom Luis Colissi, s/n
Tel.: (54) 3457-1001
Monte Belo do Sul – RS – www.tanoariamesacaza.com.br

CORDEIRO DA LAGOA
Estrada do Mar, RS 289, km 03
Tel.: (51) 3601-1858 – Osório – RS - www.cordeirodalagoa.com

INSTITUTO ESCOLA DO CHIMARRÃO (Aula de chimarrão)
Rua Jacob Becker, 881 – Centro – Tel.: (51) 3741-6573
Porto Alegre – RS – www.escoladochimarrao.com.br

CABANHA COSTA DO CERRO (Churrasco na vala)
Estrada da Taquara, 1834 – Lami
Tel.: (51) 3258-5023
Porto Alegre – RS – www.cabanhacostadocerro.com.br

CHURRASCARIA MATIAS (Espeto Corrido)
Estrada RS-239, 4523
Tel.: (51) 3559-1617 – Sapiranga – RS

RESTAURANTE COLINA VERDE (Refeições dos imigrantes)
Rua Felippe Michaelsen, 160 (Acesso pela BR 116, km 185,5) – Tel.: (54) 3281-1388
Nova Petrópolis – RS – www.restaurantecolinaverde.com.br

OSTERIA DELLA COLOMBINA (Refeições dos imigrantes)
Estrada do Sabor – Linha São Jorge
Tel.: (54) 3464-7755
Garibaldi – RS – www.estradadosabor.com.br

OPA'S KAFFEEHAUS (Refeições dos imigrantes)
Rua João Leão, 96
Tel.: (54) 3281-1273
Nova Petrópolis – RS – www.cafecolonialopas.com.br

POUSADA FAZENDA POTREIRINHOS (Doce de Gila)
Acesso pela estrada para São Joaquim, 33km de terra
Tel.: (54) 9977-3482
São José dos Ausentes – RS – www.fazendapotreirinhos.com.br

COOPERATIVA DOS DOCEIROS DE PELOTAS (Os doces de Pelotas)
Calçadão da Andrade Neves, 1621 – Centro
Tel.: (53) 3225-9707
Pelotas – RS

CONFEITARIA BEROLA (Os doces de Pelotas)
Fábrica: Rua Rafael Pinto Bandeira, 453 – Areal
Tel: (53) 3025-7084.
Loja.: Av. Bento Gonçalves, 3721 – Centro
Tel.: (53) 3229-2121 – (53) 3025-5449
Pelotas – RS
www.confeitariaberola.com.br

MERCADO PÚBLICO DE PORTO ALEGRE
Largo Glênio Peres – Centro
Tel.: (51) 3289-4801
Porto Alegre – RS
www.mercadopublico.com.br

DEL BARBIERI BISTRÔ (*Chef* Marcelo Schambeck)
Rua Jerônimo Coelho, 188
Tel.: (51) 3019-4202
Porto Alegre – RS – www.delbarbiere.com.br

RESTAURANTE BAH (*Chef* Carla Tellini)
Av. Diário de Notícias, 300, loja 2096 – Barra Shopping Sul
Tel.: (51) 3247-3000
Porto Alegre – RS – www.grupopress.com.br

AGRADECIMENTO

Pelo fato de termos viajado tanto e mobilizado tantas pessoas, é impossível agradecer a todos os colaboradores da *Expedição Brasil Gastronômico*. Ao longo de 60 dias, entrevistamos mais de uma centena de pessoas em dezenas de cidades. Para dizer o nosso muito obrigado a produtores, cozinheiros, historiadores, feirantes e outros, teríamos de escrever outro livro. Porém, não poderíamos deixar de retribuir toda a atenção, carinho e apoio que tivemos de todas as pessoas que nos ajudaram nesta viagem gastronômica pelo Brasil. Por essa razão, resolvemos fazer o agradecimento na pessoa de Maria do Socorro, marisqueira profissional, moradora de Mangue Seco, na Bahia, que nos encantou pela sua simplicidade, alegria, determinação e coragem. Um símbolo da força do que é ser BRASILEIRO.

MINISTÉRIO DA CULTURA, GOVERNO DE MINAS E

APRESENTAM:

Expedição Brasil Gastronômico Volume 2

PATROCINADORES

CO-PATROCINADORES

APOIO EDUCACIONAL

INCENTIVO

REALIZAÇÃO

Rua Tito, 479 • Vila Romana • São Paulo • SP • CEP: 05051-000 • Tel.: (11) 3874-0880

EDITORA BOCCATO

© Editora Boccato (Gourmet Brasil) / CookLovers • Rua Italianos, 845 • Bom Retiro • CEP: 01131-000 • São Paulo • SP
tel.: (11) 3846-5141 • (11) 3846-5141 • www.boccato.com.br / www.cooklovers.com.br / contato@boccato.com.br
EDIÇÃO: André Boccato • COORDENAÇÃO EDITORIAL: Rodrigo Costa • COORDENAÇÃO ADMINISTRATIVA: Maria Aparecida C. Ramos / Patrícia Rodrigues • COORDENAÇÃO DE PRODUÇÃO: Arturo Kleque Gomes Neto